지혜수업

지혜수업

내 인생 최고의 스승에게 배우는 지혜 사용법

김지철 지음

아드폰테스

 프롤로그

지혜의 근본은
하나님을 경외하는 것입니다

　어릴 적부터 저는 '지혜'라는 단어를 좋아했습니다. 무언가 고상하고 풍요로운 느낌이 들었다고 할까요. 지식은 책을 읽으면 금방 익힐 것 같았지만, 지혜를 얻으려면 생각할 시간이 필요하고 정성스러운 삶의 훈련이 수반되어야 할 것 같았습니다.
　신앙생활을 하면서부터는 예수님이 '나의 주님'도 되지만 '지혜 선생'이라고 일컫는다는 사실에 커다란 흥미를 느꼈습니다. 예수님을 믿어서 진정한 지혜자가 될 수 있다면 얼마나 멋지고 감사할까요? 하지만 현실은 달랐습니다. 말로는 예수님을 믿는다고 하면서 앞뒤로 꽉 막힌 사람들, 남의 이야기에는 전혀 귀 기울이지 않고 자기주장만 하는 사람들을 보게 되었습니다.

'예수님은 지혜 자체이신데, 왜 많은 그리스도인의 사고는 편협하고 경직되어 있을까?'

이런 의문을 갖게 된 저는 예수님의 인격과 말씀으로 이를 극복해보고 싶었습니다.

예수님이 오시기 전의 말씀이 기록된 구약에 '지혜서'라는 문서가 있는데, 바로 전도서와 잠언입니다. 전도서는 인생의 허망함을 경험한 현인의 지혜로 가득합니다. 헛된 인생에서 하나님을 경외하는 것을 최고의 삶으로 꼽습니다. 반면, 잠언은 실질적인 삶의 자리에서 어떻게 지혜를 적용할 것인지를 보여줍니다. 지혜로 살고자 하는 사람이 어떻게 분별력 있는 판단을 하고 긍정적인 용기를 가질 수 있는지 가르쳐줍니다.

이 책이 다루는 주제는 우리가 살아가면서 매일 부딪치는 문제들입니다. 친구, 돈, 언어, 마음 등……. 우리의 기쁨이 되기도 하지만 동시에 근심과 걱정거리가 되어 우리를 짓누르는 것들입니다. 2000~3000년 전의 삶이나 오늘의 삶이나 인간이 직면한 문제는 거의 비슷하다고 할 수 있습니다. 그래서 지혜의 스승들이 전하는 잠언과 경구는 여전히 우리를 자극하고 도전하게 합니다.

지혜의 스승들은 우리를 순간순간 멈춰 세웁니다. 생각 없이 급히 가던 길을 멈추게 하고, 다시금 생각하게 합니다. 우리가 참으로 지혜롭게 살아가고 있는지를 돌아보게 합니다. 이것은 과거에 연연하거나 지난 일에 얽매여 살라는 말이 결코 아닙니다. 과거의 사건을 거울삼아 오늘과 내일을 잘 극복하라는 진취적인 권면입니다. 그런 점에서 잠언에 언급한 지혜들은 얼핏 처세술처럼 보이기도 합니다. 하지만 잠언의 지혜는 처세술을 넘어섭니다. 현장의 문제를 날렵하게 해결하는 데 있지 않습니다. 오히려 자기 삶을 제삼자의 입장에서 보도록 해줍니다. 새로운 눈으로 사물과 사건을 보게 하는 것입니다. 그 새로운 눈은 바로 하나님의 눈입니다.

제삼자가 인간의 눈이라면 가변적일 수밖에 없습니다. 이 사람과 저 사람의 이야기가 서로 달라서 고민이 깊어질 때가 얼마나 많습니까? 그러나 그 제삼자가 하늘에 계신 하나님이라면 얘기가 달라집니다. 나를 누구보다 정확히 보시는 분, 나를 나보다 더 사랑하시는 하나님이기 때문입니다. 그래서 잠언에서 말하는 지혜의 기초는 '하나님을 경외하는 것'입니다. 하나님이 곧 지혜 자체이시기 때문입니다. 하나님을 경외하는 것은 인간으로 하여금 자기 한계를 깨닫고 다시 시작하도록 하는 동기를 부여합니다. 그래서 인간 자신을 위한 지혜인 동시에 이웃을 위한 성숙한 지혜로 승화시키는 원동력이 됩니다.

잠언의 말씀을 통해 지혜로운 인간상을 그려보았으면 좋겠습니다. 무엇보다 지혜자들은 삶을 긍정적으로 보라고 권합니다. 삶에서 도망치기보다는 삶을 내 것으로 만들라고 권면합니다. 그들이 추구하는 삶은 따뜻한 삶, 부드러운 삶, 멋지고 풍요로운 삶, 의미 있는 삶입니다. 이는 그럭저럭 살면서 얻어지는 것이 아닙니다. 자기 성찰이라는 비판적 안목을 지녀야 얻을 수 있는 것들입니다. 그래야 생각이 깊어지고 성숙한 삶을 살 수 있습니다.

잠언에 나오는 지혜의 말씀을 통해 지혜의 스승들이 먼저 산 발자취를 묵상하길 바랍니다. 아울러 우리 모두가 하나님의 지혜에 참여하며 살아가길 바랍니다.

이 책이 세상에 나오기까지 함께해준 박원빈 목사, 윤광서 목사, 강영롱 목사, 홍지애 전도사 그리고 EYA의 김희순 대표와 출판사 관계자분들께 감사드립니다.

2012년 9월
김지철

프롤로그

Lesson 01 때에 맞는 **말**이 사람을 살린다 · 10

Lesson 02 네 자신이 먼저 좋은 **친구**가 되라 · 32

Lesson 03 **돈**의 개념이 바뀌면 돈을 다스리게 된다 · 54

Lesson 04 **술**에 취할 것인가, 성령에 취할 것인가 · 82

Lesson 05 차이를 인정할 때 **가정**의 평화가 시작된다 · 104

차례 · Contents

Lesson 06 **계으름**은 인생의 낭비이다 · 132

Lesson 07 **교만**은 내 눈에만 안 보이는 괴물이다 · 156

Lesson 08 **미련**하게 엉뚱한 곳에서 헤매지 말라 · 178

Lesson 09 **마음**을 붙들면 모든 것을 통제할 수 있다 · 200

Lesson 10 다른 사람을 위한 **리더**가 되라 · 226

Lesson 11 **배움**과 훈련은 끝이 없다 · 250

Lesson 01
때에 맞는 말이
사람을 살린다

> 선한 말은 꿀송이 같아서
> 마음에 달고 뼈에 양약이 되느니라 잠언 16:24

말의 바다 속에 사는 우리

만약 당신이 하루 동안 말을 하지 않고 침묵해야 한다면 어떻겠습니까? 제가 교수로 재직했던 신학교에서는 신입생들에게 3박 4일간 침묵하며 기도하는 영성 훈련을 부과합니다. 고적한 산골, 한자리에 모인 친구들이 서로에게 아무 말도 할 수 없습니다. 그러다 하루가 지나면 답답함에 몸서리를 칩니다. 밥을 먹으면서도 대화할 수 없고, 아는 사람과 마주쳐도 아는 척을 할 수가 없습니다. 참 괴롭습니다. 끝내 참지 못하고 몰래 숨어서 이야기하는 사람들도 더러 있습니다. 제가 그 훈련에 참여하면서 느낀 것은 물고기가 물속에 살 듯 사람은 말의 바다 속에 살고 있구나, 하는 것이었습니다.

말을 할 수 있다는 것은 참으로 큰 복입니다. 하나님께서 말씀으로 세상을 창조하시고 인간에게는 말할 수 있는 복을 주셨습니다. 말씀으로 창조된 인간은 말로 서로의 마음을 전하며, 언어로 세상을 만들어갑니다.

사람에게는 입으로 이루는 두 가지 욕망이 있는데, 하나는 '식욕'이고 다른 하나는 '수다욕'입니다. 식욕만큼이나 인간을 사로잡는 강렬한 욕망이 바로 '수다욕'입니다. 음식물로 비어 있는 위를 채우는 것처럼 수다를 떨며 영혼과 감정의 굶주림을 채웁니다. 그래서 누군가에게 자기 이야기를 털어놓는 것만으로 문제가 해결되기도 하고 스트레스가 풀리기도 합니다.

언어를 다루는 사람들은 말을 신중하게 대합니다. 말 한마디가 지닌 효력이 생각보다 크기 때문입니다. 광고를 만드는 카피라이터들은 광고 문구 하나를 쓰기 위해 많은 시간 고심합니다. 제품의 특성이 무엇인지, 소비자들은 어떤 것을 좋아하는지, 어떻게 하면 소비자의 뇌리에 각인될 수 있는지 일주일 혹은 한 달 이상을 거듭 고민하며 한두 마디로 압축된 카피를 만들어냅니다. 좋은 카피 하나로 사람들이 제품을 살지 말지 결정하기 때문입니다.

말에는 우리가 상상하는 것보다 훨씬 더 강력한 힘이 있습니다. 우리는 말 한마디로 힘을 얻고 위로를 받습니다. 누군가가 해준 말 때문에 좋아서 펄쩍펄쩍 뛰기도 하고, 감동을 받기도 합니다. 반면 어떤 사람이 지나가면서 아무렇지 않게 던진 말이 가슴에 못처럼 박혀 한동안 낙심과 절망에 빠져 지내기도 합니다. 내 입에서 나온 말들도 다르지 않습니다. 내 말 한마디가 누군가의 굳은 마음을 풀어주기도 하지만, 뜻하지 않게 상처를 입히기도 합니다. 그러고 보면 말에 대해 고민하는 것은 카피라이터뿐만이 아닙니다. 쉽게 수다를 풀어내는 우리 모두의 고민거리이기도 합니다.

지혜의 민족이었던 이스라엘 사람들은 말하는 것은 물론 듣는 데도 관심이 많았습니다. 특별히 이스라엘 민족이 중요하게 여기는 외경에는 이런 이야기가 있습니다.

> 침묵을 지켜 현명함이 드러나는 사람이 있는가 하면 끊임없이 지껄임으로써 남에게 미움을 사는 사람도 있다. 대답을 못해서 침묵을 지키는 사람이 있는가 하면 대답할 때를 기다려 침묵을 지키는 사람이 있다. 집회서 20:5-6

침묵은 많은 말을 정제합니다. 그래서 현명한 사람은 말과 함께 적절한 침묵을 구사합니다. 생각나는 대로 말하기보다는 적절한 시기가 될 때까지 말을 아낍니다. 적절한 말을 적절한 때에 하는 것이 얼마나 중요한지, 외경은 한 번 더 가르쳐줍니다.

> 지혜로운 사람은 때가 오기까지 침묵을 지키나 어리석은 사람은 때를 분간하지 못하고 수다를 떤다. 집회서 20:7

침묵을 말에 섞어낼 줄 아는지 여부가 지혜로운 사람과 어리석은 사람을 구분하는 기준이 됩니다. 오죽하면 실언하기보다 길에서 넘어지는 것이 낫다고 하겠습니까? 그만큼 말실수가 위험하고 무섭다는 뜻입니다.

저도 말로 실수를 할 때가 종종 있어 부끄럽습니다. 목사로서 성도들의 마음을 다 헤아리지 못하고 말할 때도 있습니다. 언젠가 지나치듯 드린 말씀이 어떤 성도의 마음에 깊은 상처가 된 것을 보면서 이런 생각을 하게 되었습니다.

'아, 내가 아직도 말을 제대로 못하는구나. 하나님께서 원하시는 말은 살아 있는 말이고, 살리는 말이고, 치유하는 말인데. 이런 말을 하려면 아직도 훈련을 더 받아야겠구나.'

유대 격언에 "말이 입안에 있을 때는 내가 말을 지배하지만, 말이 입 밖에 나오면 말이 나를 지배한다"는 얘기가 있습니다. 한 번 뱉은 말이 나를 지배하고 옴짝달싹 못하게 만든다는 뜻입니다.

말의 능력을 체감하라

이렇게 강력한 힘을 가진 말을 우리는 어떻게 사용해야 할까요? 지혜자는 어떻게 하면 말을 바르게 깨달을 수 있는지, 말이 얼마나 소중한 것인지 가르쳐줍니다.

> 세상에 금도 있고 진주도 많거니와 지혜로운 입술이 더욱 귀한 보배니라 잠언 20:15

금과 진주는 고귀하고 가치 있는 것이며 최상의 재물입니다. 그 자체만으로도 화려하지만 즉시 화폐로 교환해 아름다운 것들을 살 수 있기 때문입니다. 그렇지만 지혜자는 이런 것들이 아무리 귀해도 지혜로운 입술보다 못하다고 합니다. 눈에 보이는 빼어난 아름다움이 잠깐 마음을 흔들 수는 있어도, 그 화사함과 아름다움은 오래 지속되지 않습니다. 남자는 배우자를 선택할 때 여자의 아름다움을 가장 먼저 본다고 합니다. 하지만 1년이 지나고 2년이 지나면 눈을 즐겁게 하는 아내보다 귀를 즐겁게 하는 아내와 사는 것이 훨씬 큰 축복이라는 것을 깨닫게 됩니다. 눈을 즐겁게 하는 것은 잠깐이지만, 귀가 즐거우면 마음까지 즐겁기 때문입니다.

적당한 말로 대답함은 입맞춤과 같으니라 잠언 24:26

사람들 사이에 대화가 시작되면 보통 질문과 대답이 오갑니다. 그때 상대방이 내 질문의 의도를 잘 파악해 대답하는 경우가 있습니다. 이럴 때 우리는 '아, 이 사람하고는 뭔가가 통하는구나' 하면서 기쁨을 맛봅니다. 상대의 입술에서 나온 말이 마치 내 입술에서 나온 이야기처럼 들릴 때, 우리는 뜻하지 않은 만족감을 누릴 수 있습니다.

선한 말은 꿀송이 같아서 마음에 달고 뼈에 양약이 되느니라
잠언 16:24

지혜자는 이제 한 걸음 더 나아가 선하고 지혜로운 말은 마치 꿀송이와 같아서 우리 뼈에 좋은 약이 된다고 합니다. 다시 말하면, 우리를 회복시키고 힘을 준다는 뜻입니다. 주위 사람들의 따뜻한 말 한마디는 좋은 약만큼 우리의 정신과 영혼을 맑게 합니다. 생기를 불러일으키고 상처를 아물게 합니다. 아무리 돈이 많고 먹을 것이 풍족하고 내세울 만한 명예가 있어도 따뜻한 말 한마디가 없으면 외롭고 답답한 것이 우리의 삶입니다.

그러나 말을 적절하게 통제하지 않으면 큰 문제가 생깁니다. 인

간의 언어가 입속에 있을 때, 즉 아직 마음에 머물러 있을 때에는 조정하고 통제하는 것이 가능합니다. 무엇을 말하고 무엇을 말하지 않을지, 어떤 단어를 사용하고 어떤 방식으로 말할지 사려 깊게 조정할 수 있습니다. 그러나 말이 입 밖으로 나오는 순간 더 이상 나는 내 말의 주인이 아닙니다. 말이 나를 통제하고, 억압합니다. 이제 말이 나의 주인이 되어버린 셈입니다. 그래서 우리는 말할 때, 한 번 더 생각하고 한 번 더 확인해야 합니다.

"나쁜 소문은 빨리 날아가고, 좋은 소문은 기어간다"라는 속담이 있습니다. 우리는 나쁜 소식을 들으면 다른 사람에게 빨리 전하고 싶어 합니다. 반면 누가 잘 됐다는 이야기를 들으면 그 말을 전하는 데 무척 인색합니다.

몇 년 전, 한 심리학자가 좋은 소문과 나쁜 소문의 확산 속도를 실험한 적이 있습니다. 심리학 강의 도중, 사전 예고 없이 두 가지 소문을 전파했습니다. 하나는 연예인이 자살했다는 부정적인 소문이었고, 다른 하나는 어떤 연예인이 어린아이를 입양했다는 미담이었습니다. 실험 결과, 부정적 소문의 확산 속도가 긍정적 소문을 확실하게 압도했습니다. 나쁜 소문은 좋은 소문보다 4배나 빨리 전달되었습니다. 이처럼 공동체 안에서 우리를 불편하게 하고 관계를 깨는 소문은 발 달린 말처럼 빠르게 전파됩니다. 그래서 소문은 우리를 파괴하는 정체불명의 괴물이라고도 할 수 있습니다.

중세의 유명한 신학자 성 아우구스티누스는 중상모략이 혀로 행하는 살인 행위와 같다고 했습니다. 예수님도 십자가에 못 박힐 당시 종교 지도자들로부터 중상모략을 받았습니다. 당시 종교적 기득권을 갖고 있던 그들은 위증자를 내세워 예수님을 고발하고, 대중을 선동했습니다. 예수님을 하나님을 모독하는 자, 율법을 파괴하는 자, 견고한 성전을 무너뜨리는 자, 사회를 붕괴시키는 자로 몰아갔습니다. 예수님을 모욕하고 십자가에 달리게 했습니다. 그들은 지혜자의 경고를 무시한 것입니다.

> 패역한 자는 다툼을 일으키고 말쟁이는 친한 벗을 이간하느니라
> 잠언 16:28

부주의한 말 한마디가 싸움의 불씨가 되고, 잔인한 말 한마디가 삶을 파괴합니다. 쓰디쓴 말 한마디가 증오의 씨를 뿌리고, 무례한 말 한마디가 사랑의 불을 꺼버립니다. 부패한 사람은 분열과 분쟁을 일으키는 말을 서슴지 않는데, 이런 말을 오래 듣다 보면 아무리 단단한 우정이라도 금이 갈 수 있습니다.

그러나 부드러운 말 한마디는 길을 편하게 하고, 즐거운 말 한마

디는 하루를 빛나게 합니다. 때에 맞는 말 한마디는 우리의 긴장을 풀어주고, 사랑의 말 한마디는 축복을 가져옵니다. 지혜자는 말 한마디가 우리 삶에 문제를 일으킬 수도 있고 복을 줄 수도 있다고 전합니다. 말은 양날의 검과 같습니다. 뼈 속까지 보양해주기도 하지만, 반대로 뼈를 긁어내는 듯한 고통을 주기도 합니다.

어떻게 말해야 할까?

그렇다면 우리는 어떻게 말해야 할까요? 한마디 한마디가 그토록 중요하다니, 차라리 입을 꾹 다물고 있어야 할까요? 우리가 언어를 구사하고 말을 다루기에 앞서 지혜자의 가르침에 귀를 기울인다면, 바르게 말하는 비결을 배울 수 있을 것입니다.

1. 말의 위력을 생각하며 말하라

> 사람은 입에서 나오는 열매로 말미암아 배부르게 되나니 곧 그의 입술에서 나는 것으로 말미암아 만족하게 되느니라 죽고 사는 것이 혀의 힘에 달렸나니 혀를 쓰기 좋아하는 자는 혀의 열매를 먹으리라 잠언 18:20-21

죽고 사는 것이 혀의 힘에 달려 있다고 합니다. 외경에도 "매를 맞으면 상처가 나지만 혀에 맞으면 뼈가 부러진다"라는 말이 있습니다. 혀는 단단한 뼈가 없기 때문에 약하고 부드럽습니다. 그렇지만 한 번 사람을 찌르면 상처를 내고 죽게도 만듭니다. 특히 그 안에 분노와 한 맺힌 설움이 들어가면, 상처는 더 깊어지고 커집니다. 평범한 사람의 말도 그러한데, 하물며 많은 사람을 대하고 이끄는 지도자의 말은 어떻겠습니까?

지도자의 언어는 매우 강력한 영향력을 갖습니다. 그래서 지도자가 되려면 생각 훈련을 받아야 하고, 언어 사용법을 익혀야 합니다. 공동체 전체를 살릴 수도 있고 파괴할 수도 있는 것이 지도자의 생각이며, 말이기 때문입니다.

앤드루 로버츠는 《CEO 히틀러와 처칠 리더십의 비밀》이라는 책에서 히틀러와 처칠의 리더십을 비교합니다. 그는 두 사람의 특징이 '웅변술'에서 확연히 드러난다고 했습니다. 히틀러는 연설을 통해 독일 국민의 마음을 휘어잡은 사람입니다. 그는 늘 파괴적이고 이기적인 동기를 연설에 담았습니다. 유대인을 말살하기 위해 "우리는 적을 만들어야 한다. 눈으로 보고 손으로 만질 수 있는 구체적인 적을 가져야 한다"고 선동하기도 했습니다. 한 지도자의 혀, 한 독재자의 혀에 독일 국민의 마음은 현혹되었습니다. 이성이 마비되었습니다. 그 결과 나치는 제2차 세계대전을 일으켰고 600만 명이나 되는 유대인이 희생되었습니다. 독재자의 파괴적 언어가 참담한 결과를 가져온 것입니다.

반면 처칠은 탁월한 웅변가는 아니었지만, 연설에 많은 노력을 기울인 사람입니다. 정치적 위험을 무릅쓰고 총리가 된 그는 하원에서 이렇게 연설했습니다. "내가 드릴 것은 피와 수고와 눈물과 땀밖에 없습니다." 그의 연설은 당시 패배주의에 빠져 있던 영국 국민에게 희망을 주었습니다. 그는 다른 연설에서 또 이렇게 외쳤습니다. "불굴의 용기만이 우리의 유일한 방패입니다. 우리는 단결해야 합니다. 용기를 잃지 말아야 합니다. 좌절하지 않아야 합니다." 지도자의 웅변이 국민을 격려하고 다시 일어서게 했습니다. 그리고 그의 연설이 준 희망으로 영국은 제2차 세계대전에서 승리했습니다.

지도자의 언어가 한 민족을 파멸시키기도 하고, 소생의 역사를 만들어내기도 합니다. 그런 점에서 지도자는 특히 혀를 통제하는 능력이 필요합니다. 지도자의 혀에는 본인의 죽고 사는 문제가 아니라, 공동체의 흥망이 달려 있기 때문입니다.

> 온순한 혀는 곧 생명나무이지만 패역한 혀는 마음을 상하게 하느니라 잠언 15:4

혀는 생명나무, 즉 생명을 공급하고 살리는 나무가 될 수 있습니다. 언젠가 성경을 읽던 중 이 대목에서 새삼스럽게 충격을 받았습니다. "(말씀)하시니 그대로 되니라." 창세기 1장을 보면, 만물의 생명은 하나님의 말씀대로 이루어졌습니다. 복음서에 나타난 예수님의 말씀도 그러했습니다. 예수님은 당시 서기관이나 바리새인 같지 않았습니다. 당시의 선생과도 달랐습니다. 예수님께서 말씀하시면 그대로 되었습니다. 물이 포도주로 변하고, 오랜 병마에 시달리던 사람이 일어나고, 죽은 나사로가 살아났습니다. 그때 저는 하나님께 이렇게 기도했습니다.

"하나님, 저도 아버지의 말씀을 선포하면 말씀대로 되기를 원합니다. 제가 하나님의 말씀을 증거하면 사람들의 마음과 영혼에 그 말씀이 새겨지도록 해주세요. 사람을 살리는 생명의 말씀, 생명의 사건이 일어나게 해주세요. 하나님의 말씀이니 그대로 되게 해주세요."

저는 지금도 설교 강단에 설 때마다 마음속으로 이렇게 하나님을 부릅니다.

'하나님, 제 말이 아닙니다. 하나님께서 말씀하십니다. 하나님께서 말씀하셨으니 그 말씀대로 사건이 되게 하옵소서.'

2. 때에 맞게 말하라

지혜자는 이제 '말하는 때'를 고민하라고 가르칩니다. 말해야 할 때가 있고, 침묵해야 할 때가 있다는 것입니다.

> 사람은 그 입의 대답으로 말미암아 기쁨을 얻나니 때에 맞는 말이 얼마나 아름다운고 잠언 15:23

> 의인의 마음은 대답할 말을 깊이 생각하여도 악인의 입은 악을 쏟느니라 잠언 15:28

의인은 대답할 말을 깊이 생각합니다. 무엇을 말해야 할지, 언제 어떤 방식으로 말해야 할지 의인은 심사숙고합니다. 아무 때나 끼어들어 생각 없이 말을 쏟아놓으면 실수하기 쉽고, 부메랑이 되어 돌아오기 때문입니다.

그렇다면 어떻게 때에 맞는 말을 할 수 있을까요? 보통 말을 잘하는 사람은 잘 듣는 사람입니다. 잘 듣는 사람이 때에 맞는 적절한 대답을 할 수 있습니다. 듣기를 포기한 사람, 자신의 말을 앞세우는 사람은 결코 때에 맞는 말을 할 수 없습니다.

프랑스 의학자 알프레드 토마티는 귀 전문가로 알려진 사람입니다. 그는 소리를 들려주지 않고 영상만 보여주었을 때와 영상 없이 소리만 들려주었을 때를 비교하는 실험을 했습니다. 우리는 보통 '백문(百聞)이 불여일견(不如一見)'이라고 해서 백번 듣는 것보다 한번 보는 것이 낫다고 생각합니다. 그런데 실험 결과는 의외입니다. 영상을 보여주고 소리를 단절하자 금방 지루해하고 집중력이 현저하게 떨어졌습니다. 사람들은 당연히 내용을 이해하지 못했습니다. 반면 영상 없이 소리만 들려주자 사람들은 그 소리에 깊이 빠져들었습니다. FM 라디오를 생각해보면 쉽게 이해할 수 있을 것입니다. 보는 것이 중요하다지만 듣는 것은 더 중요합니다. 그리고 잘 듣는 것이 때에 맞는 말을 할 수 있는 비결이기도 합니다.

3. 언어를 통제하라

지혜자는 때로 바른 말을 위해서 침묵을 준비하라고 합니다. 침묵은 자기 절제가 필요한 수행의 한 방편입니다. 사실, 말을 아껴야 할 때 철저하게 자신의 언어를 통제할 수 있는 사람만이 제때 영향력 있는 말을 할 수 있습니다.

경우에 합당한 말은 아로새긴 은 쟁반에 금 사과니라 잠언 25:11

침묵할 줄 아는 사람이 경우에 합당한 말을 할 수 있습니다. 침묵할 줄 아는 것이 바로 언어를 통제하는 방법입니다. 감정과 기분을 담은 말을 참을 수 있는 사람이 꼭 필요한 때 경우에 맞는 말을 할 수 있습니다.

지혜 없는 자는 그의 이웃을 멸시하나 명철한 자는 잠잠하느니라 두루 다니며 한담하는 자는 남의 비밀을 누설하나 마음이 신실한 자는 그런 것을 숨기느니라 잠언 11:12-13

지혜 없는 자는 말로 이웃을 멸시합니다. 그러나 명철한 자는 잠잠해야 할 때 자신의 언어를 철저히 통제합니다. 설령 이웃의 비밀을 알더라도 그것을 지켜주고 사람들의 뒷담화에 오르지 않게끔 합니다. 이웃의 어려움을 숨겨주고, 참고 기다려주는 것입니다.
지혜자는 계속해서 침묵과 절제의 중요성을 가르쳐줍니다.

말이 많으면 허물을 면하기 어려우나 그 입술을 제어하는 자는 지혜가 있느니라 잠언 10:19

미련한 자라도 잠잠하면 지혜로운 자로 여겨지고 그의 입술을 닫으면 슬기로운 자로 여겨지느니라 잠언 17:28

말을 절제하면 지혜롭고 슬기로운 사람으로 여겨진다는 것입니다. 그러나 지혜자가 침묵을 강요하는 것으로 오해해서는 안 됩니다. 특히 한창 배우고 있는 어린 자녀들에게 침묵을 강요해서는 안 됩니다. 아이들의 창의적 사고력은 언어를 구사하는 데서 길러집니다. 그때는 자유롭게 이야기하고 말해야 할 시기입니다. 그러나 그 시기가 지난 다음, 말하지 않고도 대화의 의미를 이해할 수 있고 자신의 뜻을 전할 수 있다면 진정한 지혜자의 모습이 아닐까요?

이제 언어를 통제하라는 지혜자의 권고는 더욱 강력해집니다.

입과 혀를 지키는 자는 자기의 영혼을 환난에서 보전하느니라
잠언 21:23

언어를 통제하는 문제가 생명과 직결되어 있다고 합니다. 언어를 통제하는 능력이 그만큼 중요하다는 이야기입니다.

4. 말의 질로 승부하라

아무리 멋진 광고 문구를 만들어도 정작 상품의 질이 좋지 않으면 팔리지 않습니다. 상품의 내용이 훌륭하지 않으면, 멋진 광고로 포장한 브랜드 이미지도 오래가지 않습니다. 브랜드 이미지가 오래 유지되는 기업을 보면 광고와 더불어 상품의 내용과 질이 뛰어나다는 것을 알 수 있습니다.

마찬가지로 아무리 달콤한 말이라도 진정성과 진실성이 결여되면 사람들 마음에 오래 남지 못합니다.

> 진실한 입술은 영원히 보존되거니와 거짓 혀는 잠시 동안만 있을 뿐이니라 잠언 12:19

진실이 담긴 말은 오래 지속되지만, 아무리 멋진 말이라 해도 그것이 거짓이라면 그 영향력은 순간에 그치고 맙니다. 멋진 말이 순간적으로 사람의 시선을 잡아끌 수는 있어도 그 안에 진실이 없다면 마음을 움직일 수 없습니다. 말 안에 진정성 있는 삶이 담겨야 말의 위력도 커집니다.

말의 힘을 신뢰하는 사람

구약성경 민수기를 보면, 모세가 시내산에서 십계명을 받고 열두 명의 정탐꾼을 가나안으로 보내는 장면이 나옵니다. 이집트에서 종살이하던 이스라엘 백성이 약속의 땅 가나안을 눈앞에 두고 있는 시점입니다. 이제 그들은 정복할 땅의 동태와 정세를 파악해야 했습니다. 그런데 열두 정탐꾼 중 단 두 사람, 갈렙과 여호수아만이 "우리는 저 백성을 쳐서 이길 수 있습니다"라고 긍정적인 이야기를 합니다. 나머지 열 명은 "저들은 장대와 같이 큽니다. 우리는 메뚜기 같습니다. 우리는 그 땅에 들어갈 수 없습니다" 하면서 부정적으로 이야기합니다. 그리고 정탐꾼 열 명의 부정적인 언어가 이스라엘 백성을 실의와 절망에 빠뜨립니다. 그들은 이내 통곡하기 시작합니다. 모세를 욕하며 자신들을 여기까지 오게 해서 광야에서 죽이려 한다고 하나님을 원망합니다. 그때 하나님께서 매우 무서운 말씀을 하십니다.

> 그들에게 이르기를 여호와의 말씀에 내 삶에 두고 맹세하노라 너희 말이 내 귀에 들린 대로 내가 너희에게 행하리니 민수기 14:28

"스스로 안 된다고 말하면 말한 그대로 안 되게끔 해주겠다. 스스로 된다고 말하면 내가 되도록 도와주겠다"라는 말씀입니다. 신실하신 하나님은 이 말씀대로 행하셨습니다.

사람의 말에는 그 사람의 생각이 담겨 있게 마련입니다. 생각은 언어를 통해 실체를 드러내기 때문입니다. 그러므로 말을 어떻게 하느냐에 따라 내가 살기도 하고 죽기도 합니다. 나뿐만 아니라 내 이웃이 살기도 하고 죽기도 합니다. 이렇게 다른 사람과 공동체를 세우고 하나님의 뜻을 이루어가는 것 또한 말의 중요한 역할입니다.

그리스도인이 되었다는 것은 '말의 사람'이 되었다는 뜻입니다. 고상하게 말하면 '말씀의 사람'이 되었다는 뜻입니다. 이것은 언어의 중요성을 알고 말의 힘을 신뢰한다는 의미입니다. 그래서 그리스도인은 누구보다 언어를 귀하게 여기는 사람들입니다. 그리고 "말씀하시니 그대로 되니라"라는 말씀대로 이 땅에 오셔서 육신이 되신 예수님의 말씀을 믿고 따라가는 존재입니다.

우리는 우리의 말을 들으시는 하나님을 기억하면서 인격과 삶을 담아 말하고, 그 말이 그대로 되기를 바라면서 그 말대로 살아가려고 애써야 합니다. 말이 성숙해질 때, 우리의 삶도 성숙해지기 때문입니다.

| 나에게 던지는 질문 |

1. 살면서 가장 기억에 남는 말은 무엇입니까? 그 말이 나에게 미친 영향은 무엇입니까?

   ----

2. 나는 사람들에게 위로와 사랑의 말을 전하는 사람입니까?

   ----

3. 내 언어 습관을 총체적으로 점검해봅시다. 지혜자의 가르침에 비추어 볼 때 고쳐야 할 언어 습관이 있습니까?

   ----

4. 내 말이 진정성을 담은 '살리는 언어'가 되기 위해서는 어떻게 말해야 겠습니까?

Lesson 01 말

우리는 말하지 않고는 살 수 없는 존재입니다. 그런데 어떻게 말하느냐가 더 중요합니다. 지혜자는 말의 소중함과 말을 다루는 법에 대해 가르쳐줍니다. 우리는 우리의 말을 들으시는 하나님을 기억하면서 유의해서 말하고, 그 말대로 살아가려고 애써야 합니다. 말이 성숙해질 때, 우리의 삶도 성숙해지기 때문입니다.

1 말의 위력을 체감하라

말에는 우리가 상상하는 것 이상으로 강력한 힘이 있습니다. 말 한마디가 사람을 감미롭게 하고 만족감과 기쁨을 줄 수 있습니다. 그러나 말 한마디가 누군가에게는 깊은 상처가 되기도 합니다. 그래서 우리는 자신은 물론 다른 사람에게도 유익을 끼치는 선한 말을 해야 합니다.

2 말에는 위험 요인이 있다

나쁜 소문은 좋은 소문보다 훨씬 더 빨리 퍼집니다. 그로 인해 상처를 받는 사람들이 있고 싸움의 불씨가 되기도 합니다. 히틀러는 적을 만들어야 한다는 말로 유대인을 학살했으며 처칠은 용기를 북돋는 말로 영국인들에게 희망을 선사했습니다. 이렇게 말 한마디로 사람을 살리기도 하고 죽이기도 합니다.

3 말해야 할 때를 구분하라

말해야 할 때와 침묵해야 할 때를 아는 지혜가 필요합니다. 때로는 침묵을 통해 언어를 통제하는 능력을 키워야 합니다. 말을 절제하면 지혜롭고 슬기로운 사람으로 여겨집니다. 무엇보다 때에 맞게 말하려면 잘 듣는 것이 중요합니다. 그렇게 상대방의 말을 귀 기울여 듣고 진실되고 진정성 있게 말할 때 말의 영향력은 커집니다.

Lesson 02

네 자신이 먼저
좋은 친구가 되라

> 철이 철을 날카롭게 하는 것같이 사람이
> 그의 친구의 얼굴을 빛나게 하느니라 잠언 27:17

세상에서 가장 하기 어려운 일

생텍쥐페리의 《어린 왕자》에 나오는 이야기입니다.

"세상에서 가장 어려운 일이 뭔지 아니?"
"흠, 글쎄요. 돈 버는 일? 밥 먹는 일?"
"세상에서 가장 어려운 일은 사람이 사람의 마음을 얻는 일이란다. 각각의 얼굴만큼 다양한 각양각색의 마음을, 순간에도 수만 가지의 생각이 떠오르는데 그 바람 같은 마음을 머물게 한다는 건 정말 어려운 거란다."

세상에서 가장 어려운 일 중 하나는 사람의 마음을 얻는 것입니다. 수만 가지 생각이 피었다 지는 내 마음 하나 바로 보지 못하는데, 상대의 마음을 헤아리는 일이야 얼마나 더 어렵겠습니까? 젊었을 때는 '나이가 들면 좀 쉬워지려나' 했지만 그것도 아닙니다. 사람의 마음을 얻는 것만큼 신경 쓰이고 조심스러운 일이 없습니다. 혹 누군가의 마음을 얻었다 해도, 그 관계를 유지하기란 더 어려운 일입니다. 마음이 통한다고 자부하던 사이도 사소한 오해로 관계가 틀어지면, 예전으로 다시 돌아가기가 생각처럼 쉽지 않기 때문입니다. 실수로 떨어뜨려 산산조각 난 유리병을 다시 이어 붙일 수 없는 것처럼 깨진 인간관계도 그렇습니다.

우리에게는 마음을 나누는 친구를 갖고 싶은 소망이 있습니다. 모든 것을 주어도 아깝지 않은 친구, 언제라도 불편함 없이 내 마음을 드러내 보일 수 있는 사람이 있기를 바랍니다. 그러나 결코 쉽지 않은 일입니다. 우리 모두 진실한 우정을 바라면서도 그것을 얻기 어려운 이유는 무엇일까요? 어쩌면 정작 나 자신이 그런 친구가 되지 못하기 때문인지도 모릅니다.

우리는 먼저 내가 누군가에게 그런 진실한 친구가 되어줄 생각은 잘 못합니다. 내 마음을 알아줄 친구가 곁에 있기를 원하면서 내가 그런 친구가 되어볼 생각은 거의 하지 않습니다. 친구를 얻으려면 내가 먼저 '친구'가 되려는 각오와 노력이 필요합니다. 그런 친구 하나 없다고 속상해하지 말고, 내가 먼저 좋은 친구가 되어보는 것은 어떨까요?

공자는 《논어》에서 '유익이 되는 벗과 해가 되는 벗'에 대해 말합니다. 유익이 되는 벗은 정직한 벗, 신의가 있는 벗, 견문이 풍부한 벗입니다. 그리고 아첨하는 벗, 눈앞에서만 잘하는 벗, 말만 번지르르한 벗은 우리에게 해를 끼칩니다. 공자의 이런 가르침은 어떤 벗을 사귀어야 하는지 고민하는 이들의 지침이 되었습니다. 진실하고 정직한 친구, 이야기를 나누면 나눌수록 견문이 넓어지고 새로운 깨달음을 주는 친구. 이런 친구가 곁에 있다면 생각만 해도 즐거울 것입니다. 그러나 앞에서는 듣기 좋은 이야기로 아첨하고 뒤돌아서면 모른 척하는 친구나 말만 번지르르해서 신뢰가 가지 않는 친구라면 차라리 없는 게 더 나을 것입니다. 그리고 이것은 내가 다른 사람의 친구가 될 때에도 마찬가지입니다.

좋은 친구

그렇다면 잠언의 지혜자는 친구에 대해 어떤 가르침을 줄까요? 지혜자 역시 만나야 할 친구와 만나지 말아야 할 친구를 자세하게 언급하고 있습니다. 친구는 마음과 생각에 큰 영향을 미치기 때문에 우리의 삶에서 매우 큰 부분을 차지합니다. 어떤 사람과 함께하느냐가 삶의 방향을 좋은 쪽으로도 혹은 나쁜 쪽으로도 이끌어갈 수 있습니다. 그렇기 때문에 좋은 친구, 나쁜 친구에도 기준이 있어야 합니다. 지혜자는 우리가 사귀어야 할 좋은 친구를 이렇게 소개합니다.

1. 형제보다 가까운 친구

> 많은 친구를 얻는 자는 해를 당하게 되거니와 어떤 친구는 형제보다 친밀하니라 잠언 18:24

친구가 많다고 우쭐대거나 허세를 부릴 일이 아닙니다. 많은 친구가 오히려 독이 되기도 합니다. 지혜자는 친구가 많고 적은지보다 친밀한 친구가 있는지를 살피라고 권합니다. 어떤 친구는 다른 친구 열 명과 바꿀 수 없고, 오히려 혈육보다도 낫습니다. 내 약점을 받아주고 내 이야기를 경청합니다. 어렵게 고민을 털어놓아도 동네방네 떠벌리지 않습니다. 오히려 내 어려움을 자신의 아픔처럼 여깁니다. 이런 친구 앞에서는 자연스럽게 마음의 문이 열립니다. 이런 친구라면 사랑이 끊이지 않습니다.

> 친구는 사랑이 끊어지지 아니하고 형제는 위급한 때를 위하여 났느니라 잠언 17:17

저는 아버지를 일찍 여의고 형제도 없어서 위축될 때가 많았습니다. 형제가 많은 친구들을 보면 그렇게 부러울 수가 없었습니다. '내겐 왜 형제가 없을까?' 이런 고민을 할 만큼 '형제 콤플렉스'가 있었습니다. 그런데 예수님을 믿고 이 콤플렉스에서 벗어날 수 있었습니다. 성경은 "누구든지 하나님의 뜻대로 행하는 자가 내 형제요 자매요 어머니이니라(마가복음 3:35)"라고 말합니다. 같은 부모 밑에서 자라며 한 밥상에 앉아 있는 사람들뿐만 아니라, 하나님의 뜻대로 행하는 사람들이 그리스도 안에서 형제와 자매라는 것입니다. 모든 사람이 그리스도 안에서 형제자매인 것을 깨달은 뒤로 교회에서 만나는 모든 사람이 저의 형제자매가 되었습니다. 저는 더 이상 혼자가 아니었습니다. 이 세상 그 누구 못지않게 많은 형제와 자매를 곁에 두었기 때문입니다. 어렵고 힘들 때마다 서로를 돕는 것을 보면서 큰 위로를 받았습니다.

우리는 같은 피를 나눈 형제보다 곁에 있는 신앙의 친구들을 더 자주 만납니다. 친척들은 1년에 두세 번 만날까 말까 싶은데, 매주 함께 예배드리고 말씀을 나누는 친구들은 적어도 일주일에 한 번 이상 만납니다. 그러면서 자연스레 서로의 사정을 잘 알게 되고 서로를 위해 기도합니다. 나를 위해 기도해주는 친구, 그들이 나의 새로운 형제입니다. 그래서 지혜자는 가까운 친구가 혈연을 넘어설 수 있다고 이야기합니다.

> 네 친구와 네 아비의 친구를 버리지 말며 네 환난 날에 형제의 집에 들어가지 말지어다 가까운 이웃이 먼 형제보다 나으니라
>
> 잠언 27:10

2. 직언하는 친구

가까울수록 책망하기는 참 어렵습니다. 싫은 소리를 했다가 행여 상처받지나 않을까 염려되고, 좋았던 관계가 틀어질까 걱정스럽습니다. 그렇지만 지혜자는 충성된 권고가 아름답다고 가르칩니다.

> 친구의 아픈 책망은 충직으로 말미암는 것이나 원수의 잦은 입맞춤은 거짓에서 난 것이니라 잠언 27:6

> 기름과 향이 사람의 마음을 즐겁게 하나니 친구의 충성된 권고가
> 이와 같이 아름다우니라 잠언 27:9

아름다운 말이란 듣기 좋은 말, 귀가 즐거운 말이 아닙니다. 잘못된 마음을 움직이는 충성된 권고가 아름다운 말입니다. 사실, 처음에는 친구의 책망이 마음을 아프게 합니다. 모르는 사람에게 책망을 들어도 기분이 상하는데 하물며 친구에게 그런 이야기를 들으면 어떻겠습니까?

"이걸 좀 고치면 좋겠는데, 문제가 좀 있는 것 같지 않니?"

대개 우리는 순수하게 받아들이는 아량이 부족합니다. 참 힘듭니다. 가장 절친한 친구라고 할 수 있는 부부라도 서로의 약점을 이야기하기란 매우 조심스러운 일입니다. 아내가 남편의 약점을 이야기했을 때, 이를 순순히 받아들이는 남편은 드뭅니다.

어떤 목사님이 주일 설교를 마치고 집으로 돌아와 아내와 그날 설교에 대해 이야기를 나누었습니다. 문학을 전공한 사모님은 예화 중에 틀린 부분이 있다고 지적했습니다. 그러자 평소 점잖던 목사님이 "그렇게 잘났으면 당신이 한 번 설교해봐!" 하고 버럭 소리를 질렀습니다. 아내는 남편을 진심으로 사랑해서 한 말인데 남편은 그 말을 받아들이지 못한 것입니다.

특히 앎이 깊어지고 지식이 많아질수록 남의 말을 듣기가 더욱 어렵습니다. 돈이 생기고 사회적 지위가 올라갈수록 마음은 더욱 완고해집니다. 권력이 쌓이고 명망을 얻을수록 남의 직언을 듣기가 힘듭니다. 그래서 지도자 자리에 있는 사람일수록 충성스러운 직언을 해줄 수 있는 사람을 곁에 두는 것이 중요합니다. 독재자, 편협한 지식인, 자기 자신만 아는 이기적인 부자가 되지 않기 위해서는 내 곁에 누군가가 있어야 합니다. 곁에 있는 충직한 친구는 시대의 문제에 눈을 열어주고 아픔의 소리를 듣게 합니다. 지식과 권력과 재물이 나를 위한 것이 되지 않게 하고 세상을 위한 도구가 되게 합니다.

벤저민 프랭클린은 젊은 시절 그다지 매력적인 사람이 아니었다고 합니다. 어느 날, 나이 든 부인이 조수로 일하던 프랭클린을 비난했습니다.

"너는 어쩔 수 없는 녀석이야! 너는 너와 다른 생각을 하는 사람을 빈정거려. 네 친구들은 아마 너의 그 잘난 생각을 거들떠보려고 하지도 않을걸. 그들은 네가 주변에 없으면 훨씬 더 즐거울 거야!"

너무 지나친 말일 수 있습니다. 그렇지만 프랭클린은 이 비판을 신중하게 받아들였습니다. 그리고 자신에게 늘 남을 조롱하고 야유하는 냉소주의가 깔려 있다는 것을 깨달았습니다. 프랭클린은 그때부터 인간관계에 관심을 갖고 사람을 최우선으로 여기는 우정의 법칙을 배웠습니다. 그리고 이로 인해 인생이 바뀌었습니다.

3. 연약함을 사랑으로 덮어주는 친구

그렇다고 우리가 주변에 직언을 반복하는 친구만 둘 수는 없습니다. 계속되는 직언에 쉽게 피곤해지고 삶의 리듬 또한 헝클어질 수 있기 때문입니다. 친구가 직언만 반복한다면, 마치 나를 향한 비난처럼 여겨질지도 모릅니다. 아무리 바른말이라 해도 그 마음에 관심과 애정을 담지 않으면 듣는 사람에게 반항심을 불러일으킬 수 있습니다. 그래서 우리에게는 위로하고 보살펴주는 친구도 필요합니다.

> 허물을 덮어주는 자는 사랑을 구하는 자요 그것을 거듭 말하는 자는 친한 벗을 이간하는 자니라 잠언 17:9

다른 사람의 허물을 봤을 때는 바로 이야기하기보다 기도하면서 잠시 기다려야 합니다. 애정을 담은 권고는 꼭 필요하지만, 친구의 허물과 잘못을 거듭 지적했다가는 우정에 문제가 생길 수 있습니다. 그래서 지혜자는 친구의 허물을 입에 실어 나르는 이를 이간하는 자라고 질타합니다. 허물을 덮어주는 것이 사랑입니다. 또한 인간을 궁극적으로 변하게 하는 것도 사랑입니다. 직언에 앞서 사랑을 담으십시오.

> 철이 철을 날카롭게 하는 것같이 사람이 그의 친구의 얼굴을 빛나게 하느니라 잠언 27:17

좋은 친구 한 명을 얻는 것은 천하를 얻는 것보다 귀합니다. 친구의 연약함마저 사랑으로 덮어주는 친구가 동료의 얼굴을 빛나게 합니다. 좋은 친구는 서로를 돋보이게 하고 서로를 세워줍니다. 서로에게 선한 영향을 끼치며 매력적인 우정을 키워갑니다.

나쁜 친구

그렇다면 지혜자는 어떤 친구를 곁에 두지 말라고 할까요? 우리의 마음을 흔들어놓고 어느새 나쁜 습관과 악덕에 익숙하도록 만드는 사람은 어떤 친구들일까요?

1. 화를 쉽게 내고 울분을 오래 품는 사람

노를 품는 자와 사귀지 말며 울분한 자와 동행하지 말지니 그의
행위를 본받아 네 영혼을 올무에 빠뜨릴까 두려움이니라

잠언 22:24-25

화를 한두 번 낼 수는 있습니다. 그러나 화를 몸에 달고 사는 사람, 건드리기만 하면 화를 쏟아내는 사람을 곁에 둘 수는 없습니다. 분노는 상황을 악화시키고, 우리의 생각을 왜곡합니다. 주위에서 감사와 기쁨을 사라지게 하고 순간적인 기분의 노예가 되게끔 합니다. 그래서 지혜자는 성급하게 노하는 사람을 경계하고, 성을 잘 내는 사람과 함께 다니지 말라고 권고합니다. 그런 사람과 함께하면 그들의 성급함이 우리를 올무에 빠뜨릴 수 있고, 그들의 성향을 배울 수 있기 때문입니다. 나쁜 습관은 쉽게 전염됩니다.

성경은 울분을 너무 오래 품고 있어서는 안 된다고 명확하게 지적합니다. "해가 지도록 분을 품지 말라(에베소서 4:26)." 사도 바울은 화가 치밀어도 가능한 한 하루 안에 해결하는 것이 좋다고 했습니다. 물론 하루를 넘기고 다음 날까지 마음에 앙금이 남아 있을 수 있습니다. 하지만 저는 그 분노가 어떤 것이든 사흘은 넘기지 말라

고 권하고 싶습니다. 사흘이 넘으면 손해가 엄청나고 돌이킬 수 없는 일이 벌어지기도 합니다. 부디 우리가 하나님 앞에 서 있다는 것을 기억하고, 우리의 좁은 식견을 초월하는 하나님의 섭리 앞에서 우리의 분노가 얼마나 무의미한 것인지를 기억합시다. 분노를 이겨 내는 최선의 방법은 하나님을 생각하며 하나님께 구하는 것입니다.

2. 술에 취해 방탕한 사람

> 술을 즐겨 하는 자들과 고기를 탐하는 자들과도 더불어 사귀지 말라 술 취하고 음식을 탐하는 자는 가난하여질 것이요 잠 자기를 즐겨 하는 자는 해어진 옷을 입을 것임이니라 잠언 23:20-21

술을 가볍게 마시는 게 아니라 과음을 즐기는 사람이 있습니다. 과음이 습관화되어 중독 수준에 이른 사람도 있습니다. 술뿐만이 아닙니다. 미식가들의 식도락은 즐거운 문화이긴 하지만, 음식에 대한 과도한 집착은 위험합니다. 술 취함은 사람의 생각을 마비시키고, 탐식은 동물적 욕망을 부추기기 때문입니다. 이 두 가지 모두 자기 몸을 학대하는 것입니다.

먹고 마시는 것이 인간관계를 만들어가는 데 좋은 매개가 되는 것은 사실입니다. 하지만 먹고 마시는 데 집중하다 보면 정작 필요한 마음의 교제를 놓치기 쉽습니다. 술 취함은 일탈로 이어지기도 하고, 포만감은 자칫 나태함으로 이어질 수 있습니다. 그래서 지혜자는 술을 즐기는 자들과 고기를 탐하는 자들과는 더불어 사귀지 말라고 권합니다. 이런 사람들과 사귀게 되면 내 삶이 가난해지고 나락으로 떨어지게 될 것이라고 지적합니다.

3. 배반하는 사람

> 내 아들아 여호와와 왕을 경외하고 반역자와 더불어 사귀지 말라 대저 그들의 재앙은 속히 임하리니 그 둘의 멸망을 누가 알랴
>
> 잠언 24:21-22

근본적인 목표와 본질에 충실하지 않고 이리저리 움직이는 사람이 있습니다. 여기저기 기웃거리는 사람이 있습니다. 자신의 이익을 계산하는 것에 능숙해서 사람을 사귀는 데도 먼저 자기한테 유익이 되는지를 따지는 사람이 있습니다. 도움이 되지 않을 것 같은 사람은 쉽게 쳐내고, 더 큰 이익을 위해 가까운 사람을 배반하는 사람이 있습니다. 지혜자는 이런 사람과 사귀지 말라고 경고합니다. 친

구를 자기 이익을 위한 도구처럼 생각하는 사람은 벗의 기본을 모르는 사람이며, 한 번 배반한 사람은 또 배반할 수 있기 때문입니다.

배반과 반역을 일삼는 사람은 순식간에 망합니다. 이 세상 모두가 그들의 경박함을 알게 될 것이기 때문입니다. 그들을 기다리는 것은 오직 재앙뿐입니다.

4. 빚지는 사람

> 너는 사람과 더불어 손을 잡지 말며 남의 빚에 보증을 서지 말라 만일 갚을 것이 없으면 네 누운 침상도 빼앗길 것이라 네가 어찌 그리하겠느냐 잠언 22:26-27

우리는 주변에서 보증 한 번 잘못 섰다가 망한 사람을 더러 봅니다. 보증을 섰다는 이유만으로 모든 것을 대신 책임져야 하는 것은 분명 좋은 제도는 아닌 것 같습니다. 그러나 보증을 서준 사람에게도 문제가 있습니다. 그는 이미 최악의 시나리오가 일어나도 받아들이겠다고 동의를 한 사람이기 때문입니다. 그래서 지혜자는 보증을 서달라고 아무리 부탁해도 설불리 들어주어서는 안 된다고 말합니다. 빚보증을 섰다가 침상도 빼앗기고 길거리에 내쫓기는 신세가 될 수 있다고 경고합니다. 인생이 파멸에 이를 수 있다고 경고합니다. 남의 인생을 지켜주려다 내 인생 전체를 무너뜨릴 수 있다는 것입니다. 예수님을 믿는 사람이라면 특히 이 문제를 깊이 생각해봐야 합니다.

정말 좋은 친구가 보증을 서달라고 하면 어떻게 해야 할까요? 돈보다는 우정이 앞서는 것이니 파산할 위험을 감수하고서라도 보증을 서야 합니까? 사실 도움을 구하는 친구들을 보면 딱하고 마음이 아픈 게 사실입니다. 그냥 해주고 싶습니다. 그러나 그때도 거절해야 합니다. 거절한 것 때문에 잠시 마음이 아플지 몰라도, 보증을 서면 평생 아프고 고달플 수 있습니다. 게다가 친구까지 잃을 수 있습니다. 빚보증을 거절하십시오. 아니, 당신부터 친구에게 보증을 서달라고 하지 마십시오. 돈도 잃고 친구도 잃을 수 있습니다.

5. 말을 만들어내는 사람

> 패역한 자는 다툼을 일으키고 말쟁이는 친한 벗을 이간하느니라
> 잠언 16:28

아무리 내 귀에 들리는 말이 달콤하다 해도 그 안에 진실이 담겨

있지 않으면 분란이 싹틉니다. 관계를 이어가는 힘은 진실이기 때문입니다. 거짓이 침투하기 시작하면 관계는 걷잡을 수 없이 틀어지고, 어느새 서로를 믿지 못하게 됩니다.

인간의 말은 진실과 진심을 실어 나르는 도구이지만, 동시에 거짓과 불의를 실어 나르는 데도 사용됩니다. 그래서 거짓말을 서슴없이 하는 말쟁이들을 경계해야 합니다. 지혜자는 이들이 벗 사이에 들어오면 아무리 친한 벗이라도 불신이 생겨날 수 있다고 경고합니다.

주변에 여러 사람의 이야기를 들려주는 사람이 있습니까? 오며 가며 일어났던 일을 많은 친구에게 전하는 사람이 있습니까? 그 많은 말에 마음을 빼앗기지 않길 바랍니다. 어쩌면 그 말들이 나와 친구 사이를 멀어지게 할 수도 있습니다.

가장 좋은 친구

성경은 아름다운 우정을 나눈 이들의 모습을 기록하고 있습니다. 유대 왕국 초기, 왕의 후계자 요나단과 목동 출신 다윗은 서로를 자신의 생명처럼 여겼습니다. 요나단의 아버지 사울은 사람들이 자신보다 다윗을 더 따르자 그를 죽이려고 무던히 애를 썼습니다. 그런데도 요나단은 다윗을 지켰고 각별한 관계를 유지했습니다.

동방의 의인 욥과 그의 친구들도 빼놓을 수 없습니다. 세 명의 친구는 욥 곁에서 7일을 말없이 함께 지냈습니다. 비록 7일이 지난 후 욥과 논쟁을 벌이지만, 친구가 고통을 당할 때 옆에 있어준 것만으로도 이들의 우정은 특별하다고 생각합니다.

신약성경에는 다음과 같은 흥미로운 일도 기록하고 있습니다. 예수님이 병든 자를 고치신다는 소문을 듣자 많은 무리가 모여들기 시작했습니다. 이때 중풍병자 친구를 둔 네 사람이 있었습니다. 그들은 중풍병자를 예수님께 보이려고 했지만 모인 군중 때문에 가까이 다가갈 수 없었습니다. 그런데도 그들은 포기하지 않았습니다. 지붕을 뜯어 중풍병자가 누운 상을 달아 내렸습니다. 예수님은 이들 친구의 믿음을 보시고 이 중풍병자를 고치셨습니다.

당신을 한 몸처럼 아끼는 친구, 고통 중에 함께하는 친구, 당신을 돕기 위해 적극적으로 행동하는 친구. 당신은 이런 친구가 있습니까? 선뜻 떠오르는 친구가 없다고 너무 낙심하지 마십시오. 이미 당신에게는 그 누구보다 좋은 친구가 있기 때문입니다. 바로 예수님입니다. "친구를 위해 자기 목숨을 버리면 이보다 더 큰 사랑이 없다"고 말씀하신 예수님께서 몸소 우리를 위해 목숨을 버리셨습니다. 게다가 예수님을 좋은 친구로 믿으면, 덤으로 다른 친구들이 생깁니다. 교회 공동체에서 좋은 친구를 얻게 될 것이기 때문입니다. 먼저 예수님께 마음을 털어놓을 만큼 사귐이 깊어지면, 예수님을 친구로 둔 다른 사람이 어느새 내 친구가 되어 있을 것입니다. 예수님과 사귀고 그 마음을 닮으면, 자연스럽게 좋은 사람들과 함께할 수 있다는 뜻입니다.

김무곤 교수가 쓴 《NQ로 살아라》라는 책이 있습니다. NQ는 'Network Quotient'의 약자입니다. IQ가 지능지수이고 EQ가 감성지수라면, NQ는 사회적 공존지수인 셈입니다. 여기서 무신론자인 저자는 매우 흥미로운 주장을 합니다. 예수님이야말로 NQ의 원조라는 것입니다. 언어와 삶을 사회적 공존지수의 최대치로 보여준 사람, 그분이 바로 예수님이라는 것입니다.

자기 분야에서 존경과 사랑을 받는 이들을 살펴보면 IQ가 높은 사람이 아니라 NQ가 높은 사람이라는 것을 알 수 있습니다. 이런 이들은 다른 사람을 행복하게 하고 높일 줄 압니다. 그런데 흥미로운 것은 예수님과 우정이 깊어질수록 NQ도 높아진다는 사실입니다. 내 자아를 주님 앞에서 죽이고 남은 삶을 다른 사람을 사랑하며 살겠노라고 작정했기 때문입니다. 예수님을 믿는 사람은 예수님을 사랑하는 만큼 다른 사람을 사랑합니다.

기독교에서 말하는 최고의 덕은 믿음과 소망과 사랑입니다. 믿음

안에서 사람들에게 신뢰를 주는 공동체가 바로 주님의 몸 된 교회여야 합니다. 예수 그리스도께서 주신 약속을 바라보며 사회와 민족에 비전과 꿈을 심어주는 공동체가 교회여야 합니다. 그리고 교회는 사랑을 주는 공동체입니다. 하나님께서 예수님을 통해 사랑을 보여주신 것처럼 우리도 그 사랑 안에서 고통 받는 이들과 벗하고, 소외되고 연약한 사람을 위해 삶을 바쳐야 합니다. 이들과 친구가 되기 위해 준비하고, 이들과 친구 되는 삶이 바로 그리스도인의 삶입니다.

NQ의 극치를 보여주신 예수님과 더 가까운 친구가 되십시오. 예수님이 네트워킹 방법을 가르쳐주실 것입니다. 예수님은 하나님 아버지 밑에 있는 우리 모두가 형제자매임을 알게 하시고, 십자가에 달려 죽으신 그 사랑으로 관계를 이어가도록 하시는 분이십니다.

> 이제부터는 너희를 종이라 하지 아니하리니 종은 주인이 하는 것을 알지 못함이라 너희를 친구라 하였노니 내가 내 아버지께 들은 것을 다 너희에게 알게 하였음이라 요한복음 15:15

우리는 예수님의 사랑으로 예수님의 친구가 되었습니다. 이 좋은 친구가 곁에 있는데, 외로워하시겠습니까?

| 나에게 던지는 질문 |

1. 나에게는 진실한 친구가 있습니까? 그 친구를 진실하다고 여기는 이유는 무엇입니까?

   ----

2. 가까웠던 친구와 관계가 멀어진 적이 있습니까? 있다면 무엇 때문입니까?

   ----

3. 나는 다른 사람들에게 어떤 친구입니까?

   ----

4. 좋은 친구가 되기 위해 변화가 필요한 부분이 있다면 이야기해보십시오.

Lesson 02 친구

사람의 마음을 얻기란 정말 어려운 일입니다. 그만큼 마음을 터놓을 수 있는 친구 한 명을 만나기가 어렵습니다. 그러나 주위에 좋은 친구가 없다고 한탄하지 말고 나부터 시작하면 어떨까요? 세상에는 많은 조언이 있지만 잠언은 좋은 친구를 사귀는 기준을 명확하게 제시합니다.

1 이런 친구가 좋은 친구다

많은 친구보다 친밀한 친구가 곁에 있는지를 살피십시오. 가까운 친구가 혈연을 넘어설 수도 있습니다. 가까운 사이일수록 책망하기가 어렵지만, 진실한 충고는 아름답습니다. 우리에게는 위로하고 보살펴주는 친구 또한 필요합니다. 친구의 연약함마저 사랑으로 덮어주는 친구가 그의 얼굴을 빛나게 하는 법입니다.

2 이런 친구는 절대 사귀지 말라

화를 쉽게 내고 울분을 오래 품는 사람과는 사귀지 마십시오. 과음을 즐기는 자들도 멀리하는 게 좋습니다. 도움이 되지 않는 사람은 쉽게 쳐내고, 자신의 유익을 위해서라면 배반을 서슴지 않는 사람과 사귀지 말고, 돈도 잃고 친구도 잃을 수 있으니 빚보증도 서지 말라는 실제적인 충고도 합니다. 주변에 여러 사람의 이야기를 전하는 사람이 있습니까? 그 많은 말에 마음을 빼앗기지 마십시오.

3 가장 좋은 친구는 예수님이다

성경에는 마음이 하나였다는 다윗과 요나단, 욥이 힘들 때 함께한 친구들, 중풍병자를 예수님께 데려다준 네 친구 등 좋은 친구의 예가 나옵니다. 그러나 내 옆에 이렇게 좋은 친구가 없다고 낙심하지 마십시오. 예수님이 나의 친구가 되어주시기 때문입니다. 그분은 나를 위해 목숨까지 내어주신 분입니다.

Lesson 03

돈의 개념이 바뀌면
돈을 다스리게 된다

네가 어찌 허무한 것에 주목하겠느냐 정녕히 재물은 스스로 날개를 내어
하늘을 나는 독수리처럼 날아가리라 잠언 23:5

돈이란 무엇인가

《탈무드》에서는 사람에게 상처를 주는 것 세 가지가 있다고 말합니다. 첫째는 정신적인 고뇌로서 내면적인 것입니다. 누구나 한 번쯤 잠 못 이루며 방황하던 때가 있을 것입니다. 남에게 털어놓기 어려운 고민 때문에 뜬눈으로 밤을 지새울 만큼 마음이 아팠던 적도 있을 것입니다. 둘째는 인간관계에서 생겨난 다툼입니다. 그동안 지속되던 관계가 무너지면 마음에 큰 상처가 남습니다. 쏟아낼 수 없는 분노가 솟구치고 배신감과 모욕감에 시달립니다.

그런데 사람에게 이보다 더 큰 상처를 주는 것이 있다고 합니다. 그것은 무엇일까요? 탈무드는 '빈 지갑'이라고 말합니다. 우리 몸은

마음에 의존하는데, 마음은 지갑에 의존할 때가 많기 때문입니다. 지갑이 비어 있으면 주눅이 들고 자신감도 없어집니다. 인간관계를 제대로 유지하기 어렵습니다. 주변을 보아도 빈 지갑 때문에 고통 받는 사람이 많습니다.

반대로 무거운 지갑은 마음을 가볍게 합니다. 운전을 하다 차에 휘발유가 떨어지면 불안해하다가도 주유소에서 휘발유를 가득 채우고 나면 금세 기분이 좋아집니다. 이제 한참 달려도 괜찮겠다는 안도감이 생깁니다. 기름을 채워도 이러한데, 그것이 돈이라면 어떠할까요? 지갑에 돈이 두둑하면 마음까지 든든해집니다. 마음대로 쓸 돈이 있다면 인생을 홀가분하게 살 수 있을 것만 같습니다.

그렇다면 돈만 있으면 행복이 저절로 따라올까요? 1년 소득 3000만 원인 사람은 연간 2900만 원을 사용하면 행복하다고 느끼지만, 3100만 원을 사용하면 불행하다고 생각한다고 합니다. 지갑에 드나드는 돈은 똑같은데 어떤 사람은 돈이 남아돈다고 생각하는 반면, 어떤 사람은 계속 부족한 인생을 살고 있다고 불평하는 것입니다.

영국에서 돈과 행복의 관계를 알아보기 위해 설문 조사를 했다고 합니다. "당신이 연봉 10만 파운드를 받고 당신 동료는 25만 파운드를 받게 할 것인가? 아니면 당신은 5만 파운드를 받고 당신 동료는 2만 5000파운드를 받게 할 것인가?" 당신이라면 어느 쪽을 선택하겠습니까? 설문에 응한 대다수는 후자를 선택했다고 합니다. 내가 5만 파운드를 받더라도 동료가 나보다 적게 받는 것이 더 행복하다는 것입니다. 자기 연봉이 올라 기뻐하다가도 동료가 나보다 더 많이 받는 것을 알면 속이 뒤틀리는 게 인간의 마음입니다.

인생을 살아가기 위해서 돈은 절대적으로 필요합니다. 우리는 삶에서 돈이 얼마나 막강한 힘을 발휘하는지 매일 경험합니다. 하지만 앞서 살펴본 것처럼 돈 자체가 우리에게 행복을 가져다주지는 못합니다.

몇 년 전 〈쩐의 전쟁〉이라는 드라마가 인기리에 방영되더니 얼마 전에는 〈돈의 맛〉이라는 영화가 개봉했습니다. 모두 돈에 얽힌 사람들의 욕망과 애환을 적나라하게 그린 작품입니다. 돈을 맹렬히 추구하지만 그 돈 때문에 인간됨을 잃어버리고 비극적인 삶을 살아가는 사람들 이야기입니다. 요컨대 인간이 돈의 지배를 받는 황금만능주의가 만연한 세태를 고발한 작품입니다. 그런데 우리는 돈 때문에 삶을 망치는 주인공을 보면서도 아이러니하게 결국 돈으로 모든 것을 할 수 있다는 결론을 내립니다. 세상이 얼마나 탐욕스럽고 물질주의에 사로잡혀 있는지 깨닫기는 하지만, 이 세상에서 돈으로 되지 않는 것은 없다는 잘못된 메시지를 다시금 학습하게 되는 것입니다.

드라마 〈쩐의 전쟁〉은 매우 인상적인 메시지를 담고 있습니다.

"돈은 아주 냉혹하다. 그리고 돈을 향한 인간의 탐욕, 인간의 악랄함은 극에 달했다. 사람의 마음과 사랑은 변할 수 있지만 돈은 결코 변하지 않는다. 어쩌면 인류가 멸망한다 해도 돈의 위력은 계속될 것이다."

어떻게 보면 사채업자가 조직 폭력배보다 더 무섭다는 말이 실감 날 정도입니다. 게다가 여기에 종종 일종의 경구처럼 들리는 말이 등장합니다.

"남의 돈에는 날카로운 이빨이 들어 있다."

저는 지인과 돈거래를 하지 말라고 권합니다. 특히 교회 안에서 성도들 간의 돈거래는 더더욱 권하고 싶지 않습니다. 사람도 잃고 돈도 잃기 때문입니다. "친구에게 돈을 빌리려는 사람은 친구를 택할지 돈을 택할지 결정부터 하라"는 말이 있습니다. 그만큼 돈에는 좋은 인간관계를 깨뜨리는 마력이 있다는 얘깁니다.

우리는 돈이 중요하지만 인생의 전부가 될 수 없다고 말합니다. 그러나 우리가 사는 실제 모습을 보면 마치 돈이 전부인 것 같습니다. 황금만능주의 세태를 고발하면서도 돈이 인생의 모든 문제를 해결해줄 것이라고 알게 모르게 자기를 가르치고 남을 가르칩니다.

돈만으론 살 수 없다

예수님은 사람이 떡으로만 사는 것이 아니라 하나님의 말씀으로 산다고 말씀하셨습니다. 이 말씀을 떡이 필요 없다는 것으로 이해하면 곤란합니다. 예수님은 우리에게 "물질은 아무것도 아니다. 영적인 것만으로 살아야 해!"라고 말씀하시지 않았습니다. 오히려 우리 인생에서 먹고 마시고 입고 자는 것이 얼마나 중요한지를 자주 말씀하셨습니다. 그러나 예수님 말씀의 핵심은 떡과 돈이 필요하지만 그것보다 더 소중한 것이 있다는 것입니다.

우리가 예수 그리스도를 믿으면 돈에 대한 개념이 바뀝니다. 돈보다 더 귀한 것이 있다는 것을 배웁니다. 이것을 알지 못하면 돈의 노예가 됩니다. 돈만 추구하면 결코 돈을 지배할 수 없습니다. 하나님 안에서 돈에 대한 바른 개념이 생기면, 돈을 주인으로 삼는 것이 아니라 돈을 수단으로 취급하고, 돈을 관리할 수 있고, 돈을 지배할 수 있습니다.

이스라엘 백성은 돈을 하나님의 축복이자 선물로 여겼습니다. 이 말은 돈이 결코 하나님 자리를 차지할 수 없고, 오직 하나님의 뜻을 이루는 도구로써 돈을 사용한다는 의미입니다. 사람은 돈이 매우 소중하며 가치 있는 도구라는 것을 알아야 합니다. 하지만 돈이 인생의 목표가 되어서는 안 됩니다. 돈을 추구하고 돈만을 위해 일하면, 우리는 돈을 통해 하나님이 우리에게 주신 복을 누릴 수 없을 뿐더러 돈에 매몰되고 말 것입니다. 만약 돈을 인생의 최고 가치로 삼는다면, 더 많은 돈을 위해 끊임없이 움직이게 될 것입니다. 아무리 돈을 많이 벌어도 나보다 돈이 많은 사람은 반드시 있기 때문입니다. 그런 사람에게 하나님께서 주신 평안함이 있을 리 없습니다. 그것만큼 안타까운 것이 또 어디 있겠습니까?

한때 베스트셀러였던 《부자 아빠 가난한 아빠》에서 저자 기요사키는 이렇게 말합니다.

"나의 부자 아빠는 내게 '하나님(God)'과 '금(gold)'의 차이점을 가르쳐주었다. 만약 하나님처럼 전지전능한 존재가 되어 무엇이든 금으로 변하게 하고 싶다면 하나님과 금의 차이를 알아야 한다. 하나님(God)과 금(gold)의 차이는 알파벳 L에 있다. L은 패배자(loser), 약탈자(looter), 비열한 지도자(lousy leader), 거짓말쟁이(liar)를 가리킨다. 자신에게서 그런 것들을 없애지 않는다면 결코 미다스의 손, 즉 만지는 것마다 금으로 바꾸는 능력을 갖지 못할 것이다."

기요사키는 돈을 관리할 때 빠지지 말아야 할 위험을 이처럼 은유적으로 표현했습니다. 돈은 나를 형편없는 존재로 만들 수 있습니다. 우리는 돈 때문에 비열한 지도자가 될 수도 있고, 허위라는 가면을 쓴 거짓말쟁이가 될 수도 있습니다. 가난한 사람을 조롱하고 무시하지만, 자기보다 권세 있는 사람들에게 아첨하는 이중성도 돈 때문에 생겨납니다. 그래서 저는 미국의 부동산 재벌 도널드 트럼프의 재물관을 경청해야 한다고 생각합니다.

"내가 종종 들여다보는 은하계 사진이 있다. 나는 그 사진을 보며 우주의 문제에 비하면 내 문제가 얼마나 하찮은 것인지를 확인한다. 그러면 시야가 넓어지고 홀가분해진다. 내게는 내 가족과 직원과 사업체에 대한 책임이 있다. 나는 그 책임을 다하기 위해 최선을 다한다. 하지만 내가 아무리 큰 성공을 거둘지라도 결코 뛰어넘을 수 없는 크고 높은 존재가 있다는 것 역시 잊지 않는다. 하나님의 존재에 대한 믿음은 우리에게 확신을 갖고 살아갈 수 있게 해주는 동시에 언제나 겸허한 자세를 갖게 해준다."

내가 열심히 일해서 번 돈을 '내 것'이라고 생각해 내 마음대로 사용한다면 우리는 유혹에 빠질 수밖에 없습니다. 어느 순간 하나님을 대신해 돈이 하나님 역할을 하게 될지도 모릅니다. 그때 인간은 짐승으로 변하고 마음은 비열해집니다. 이런 유혹에는 누구도 예외일 수 없습니다. 그렇기 때문에 우리는 돈이 하나님께서 주신 축복이라는 사실을 늘 확인해야 합니다.

돈을 다스리는 3단계

돈에는 분명 사람을 유혹하는 힘이 있습니다. 돈이 하나의 인격체라도 되는 양 우리는 돈에 휘둘리고 돈 때문에 하나님에게서 멀어집니다. 그렇다면 우리는 어떻게 해야 돈을 잘 관리하고 다스릴 수 있을까요?

1단계 – 돈에서 자유로워지기

돈에서 자유롭지 못하면 돈의 유혹을 이겨낼 수 없습니다. 이를 위해 우리는 가장 먼저 돈의 위력을 객관적으로 인정할 수 있어야 합니다. 돈을 부정한다거나 물질 자체를 혐오하기보다는 세상에서 돈이 가진 영향력을 자연스럽게 인정해야 합니다. 이 단계를 넘어서지 못하면 돈을 극단적으로 기피하거나 현실 자체를 회피하게 됩니다. 이것 모두 돈의 유혹에서 자유롭지 못한 결과라고 할 수 있습니다. 다음으로, 우리는 재물이 하나님에게서 비롯된 복이라는 사실을 끊임없이 확인해야 합니다. 나의 애씀으로, 나의 노력과 힘에서 비롯된 것이 아니라는 것을 깨달을 때 돈에서 자유로울 수 있습니다.

> 나를 사랑하는 자들이 나의 사랑을 입으며 나를 간절히 찾는 자가 나를 만날 것이니라 부귀가 내게 있고 장구한 재물과 공의도 그러하니라 잠언 8:17-18

여기서 '나'는 지혜입니다. 즉, 돈을 사랑해서 부자가 되는 것이 아니라 지혜를 사랑해야 부자가 된다는 뜻입니다. 부귀, 재물, 공의를 NIV 영어성경은 'riches and honor, wealth, prosperity'라고 표현합니다. 하나님의 지혜를 사랑하고 찾으면 비단 물질의 부유뿐 아니라 인간을 풍요롭고 넉넉하게 하는 모든 것이 함께 따라온다는 것입니다. 이는 하나님께서 지혜를 찾는 이들에게 주시는 덤이자 선물입니다.

> 가난한 자와 부한 자가 함께 살거니와 그 모두를 지으신 이는 여호와시니라 잠언 22:2

우리는 가난할 때가 있고, 부할 때가 있습니다. 돈이 나가는 때가 있고, 돈이 들어오는 때가 있습니다. 돈이 마르는 때가 있고, 돈이 모이는 때가 있습니다. 하나님께서 거두실 때가 있고, 주실 때가 있습니다. 그렇기 때문에 지금 가난하다 해서 낙심하고 좌절할 필요도 없고, 부하다고 해서 자신만만해할 필요도 없습니다. 바로 여기서 우리는 자유로움을 누릴 수 있습니다. 재물은 단지 하나님이 주신 선물이기에 우리가 더 열심히 구해야 할 것은 하나님에게서 비롯된 지혜입니다.

2단계 - 돈의 주인 인정하기

두 번째 단계는 첫 번째 단계와 이어집니다. 돈이 '하늘에서 비롯된 것'이라는 사실은 결국 돈의 주인이 하나님이라는 것을 의미합니다. 이것을 인정하는 것이 두 번째 단계입니다. 하나님의 사람은 돈이 결코 내 삶의 주인이 될 수 없으며, 돈은 하나님께서 누리라고 주신 선물임을 깨달아야 합니다. 마치 하늘과 땅을 우리에게 주신 것처럼, 시간과 지혜와 용기를 주신 것처럼 하나님께서 우리에게 돈 버는 능력도 주시고 돈을 사용할 줄 아는 능력도 주셨습니다. 이것을 깨달을 때 돈은 하나님의 복이 됩니다. 이렇게 돈의 참된 주인을 바로 인식할 때 우리는 돈으로 향했던 시선을 하나님께로 돌리고 하나님을 찬양하게 됩니다.

네 재물과 네 소산물의 처음 익은 열매로 여호와를 공경하라 그

리하면 네 창고가 가득히 차고 네 포도즙 틀에 새 포도즙이 넘치리라 잠언 3:9-10

지혜자는 포도주 창고를 채우기 위해 포도즙 틀에 새 포도주를 채워 넣는 것을 먼저 생각하지 말라고 합니다. 먼저 할 것과 나중에 할 것이 있다는 것입니다. 그렇다면 먼저 할 일은 무엇입니까? 내 재물과 내 소산물의 처음 익은 열매를 하나님께 드리는 것입니다. 첫 소산을 하나님께 드리면 하나님께서 그것을 축복해주시고, 창고를 가득 차게 해주시고, 포도주를 넘치게 해주신다는 것입니다.

하나님께서 아담과 하와에게 선악과를 금하셨을 때도 그것을 먹는지 안 먹는지 여부에 초점을 맞춘 것이 아니었습니다. 하나님을 하나님으로 인정하는가, 하나님 말씀에 순종하는가를 확인하려는 것이었습니다. 십일조 개념도 이와 비슷합니다. '수입의 얼마를 드리는가?' 하는 액수의 문제 이전에 하나님을 내 주님으로 인정하는가의 문제입니다. 10분의 1을 드림으로써 하나님의 사랑을 다시 한 번 확인하고, 내 소유가 하나님에게서 온 것임을 깨달으라는 것입니다. 그러면 30배, 60배, 100배로 더 넘치게 주겠다고 약속하셨습니다. 이것이 하나님의 계산법입니다.

하지만 우리의 계산법은 다릅니다. '내가 어떻게 번 돈인데, 내가 얼마나 땀 흘려 모은 것인데, 내가 이것 때문에 얼마나 고생을 했는데, 하나님은 왜 달라고 그러세요?' 때로는 억울하고 아까운 마음에 하나님께 항의를 하기도 합니다. 하지만 하나님은 우리가 괴롭기를 바라는 분이 아니십니다. 액수에 관심이 있으신 것은 더더욱 아닙니다. 하나님은 말씀하십니다. "네가 축복받도록 이렇게 요청한 것이다. 나를 위해 하는 것이 아니라 너를 위해 하는 것이다." 이것이 우리가 하나님의 선물인 돈을 잘 이해하고 사용하기를 바라시는 하나님의 방식입니다.

3단계 – 돈이 섬기기 위한 선물이라는 것 깨닫기

그렇다면 '하나님께서 왜 돈을 허락하셨을까?'라는 의문이 들지 않습니까? 이것이 바로 세 번째 단계입니다. 이 질문에 대한 하나님의 답을 찾을 때 비로소 우리는 돈을 바르게 사용할 줄 아는 사람이 됩니다. 돈은 하나님께서 우리의 이웃을 섬기라고 주신 선물입니다. 가난한 자를 돌보고 고통 받는 자를 세우기 위한 수단입니다. '주는 것이 받는 것보다 복 있다'라는 예수님의 말씀에 그 답이 있습니다.

키 작은 삭개오는 예수님을 만난 후 변화되었습니다. 세리장인 그가 "내가 토색한 것이 있으면 네 배나 갚겠고 내가 가진 재산의 절반을 가난한 사람들에게 나눠주겠다"고 고백한 것입니다. 그러자 예수님은 그 모습을 보고 기뻐하시며 하나님의 구원이 그 집에 이르렀다고 칭찬하십니다. 진정한 회개는 영과 마음의 회개뿐만 아니라 물질적 회개와 삶의 결단까지 동반합니다.

> 가난한 자를 불쌍히 여기는 것은 여호와께 꾸어 드리는 것이니 그의 선행을 그에게 갚아주시리라 잠언 19:17

힘들고 어려운 사람들에게 선대하고 그들에게 진심으로 마음을 쏟는 것은 하나님께 꾸어 드리는 것이라고 지혜자는 말합니다. 사람에게 꾸어 주는 것은 때로 받지 못할 염려가 있지만 하나님께 꾸어 드리면 하나님께서 갚으십니다.

> 가난한 자를 구제하는 자는 궁핍하지 아니하려니와 못 본 체하는 자에게는 저주가 크리라 잠언 28:27

하나님은 특별히 가난한 자에게 관심이 많으십니다. 신약성경의 예수님도 가난한 자에게 복음을 전하셨으며, 가난한 자를 향해 복을 선포하셨습니다. 이는 하나님께서 고통 받는 자와 생존의 위협을 느끼는 자를 보시며 얼마나 아파하시는지를 보여줍니다. 인간다운 삶을 살지 못하는 이들, 생계를 꾸릴 최소한의 물질도 없어 고생하는 이들을 하나님께서 아픈 마음으로 바라보고 계십니다. 그런데 우리가 도움이 필요한 자들을 보고도 외면한다면, 과연 하나님의 사랑을 알고 있다고 말할 수 있을까요?

> 흩어 구제하여도 더욱 부하게 되는 일이 있나니 과도히 아껴도 가난하게 될 뿐이니라 구제를 좋아하는 자는 풍족하여질 것이요 남을 윤택하게 하는 자는 자기도 윤택하여지리라 잠언 11:24-25

이웃을 구제하면 내가 풍족해진다니 이 얼마나 멋진 일입니까. 남을 구제하면 내 재산이 점점 줄어드는 게 아니라 오히려 더 풍성해진다는 것입니다. 남을 윤택하게 하면 내가 윤택해지고, 남을 가난하게 만들면 나도 가난해진다는 것입니다. 돈을 어떻게 사용하느냐에 따라 돈의 가치가 드러나고 더 큰 풍요를 누릴 수 있다는 이야기입니다.

저는 결혼 주례를 할 때 철강왕 카네기 이야기를 자주 합니다. 카네기는 자기 혼자만 부자인 사람은 진짜 부자가 아니고 옆에 있는 사람을 부자가 될 수 있게 하는 사람이야말로 진짜 부자라고 말했습니다. 이 세상 모든 일에 그런 법칙이 성립합니다. 이는 주님께서 가르쳐주신 말씀입니다. '남을 윤택하게 해야 나도 윤택해진다. 남을 세워야 나도 세울 수 있다.' 이 비밀을 알지 못하면 우리 인생은 갈수록 마이너스가 되고 말 것입니다.

돈을 다룰 때 주의할 점

지금까지 돈이 무엇이고 돈의 주인은 누구이며, 하나님께서 우리에게 돈을 주신 목적에 대해 살펴보았습니다.

하지만 그것으로 끝이 아닙니다. 이웃을 섬기라고 선물로 주신 돈을 바르게 사용하기 위해서는 몇 가지 마음에 새겨야 할 것이 있습니다.

1. 돈에 의지하지 말라

> 자기의 재물을 의지하는 자는 패망하려니와 의인은 푸른 잎사귀 같아서 번성하리라 잠언 11:28

재물은 불확실한 담보물입니다. 결코 의지할 만한 것이 못 됩니다. 지혜자는 재물을 의지하는 자는 의인이 될 수 없다고 말합니다. 하나님께 뿌리내린 의인이 푸른 잎사귀를 내며 번성할 때, 재물에 의탁하는 사람은 나락의 길을 걷게 됩니다.

> 재물은 진노하시는 날에 무익하나 공의는 죽음에서 건지느니라
> 잠언 11:4

하나님은 재물보다 더 큰 분이십니다. 하나님이 진노하시면 한순간에 모든 재물을 다 거두실 수 있습니다. 하나님 앞에서 먼지 같은 존재인 인간이 소멸하는 재물을 삶의 목적으로 여기고 집착하는 것은 얼마나 어리석은 일입니까?

> 네가 어찌 허무한 것에 주목하겠느냐 정녕히 재물은 스스로 날개를 내어 하늘을 나는 독수리처럼 날아가리라 잠언 23:5

재물은 있다가도 독수리처럼 휙 날아가버릴 수 있는 것이고, 아무리 아껴도 손가락 사이로 새어나가는 것입니다. 그렇기 때문에 지혜자는 재물에 의지하는 것이 얼마나 허망한지를 거듭 강조합니다.

마음의 심지를 허망한 데 두지 마십시오. 재물은 사용해야 하는 것이지 쌓아두는 것이 아닙니다.

2. 속이며 축적하지 말라

> 불의의 재물은 무익하여도 공의는 죽음에서 건지느니라 잠언 10:2

하나님은 정직을 매우 중요한 덕목으로 생각하십니다. 모든 일에 우리가 정직하고 투명하기를 요구하십니다. 재물에 관해서도 마찬가지입니다. 부정한 방법으로 재물을 모으거나 모은 재물을 깨끗하게 사용하지 않는 것은 하나님을 아프게 하고 분노하게 만듭니다. 재물을 올바르게 모으지 않으면 하나님의 질책을 피할 수 없을 것입니다.

> 속이는 저울은 여호와께서 미워하시나 공평한 추는 그가 기뻐하시느니라 잠언 11:1

> 한결같지 않은 저울추와 한결같지 않은 되는 다 여호와께서 미워하시느니라 잠언 20:10

> 속이는 말로 재물을 모으는 것은 죽음을 구하는 것이라 곧 불려다
> 니는 안개니라 잠언 21:6

지혜자는 하나님께서 무엇을 미워하시는지 명확히 밝혀줍니다. 하나님께 미움을 얻는 것이야말로 자신을 죽음으로 몰아넣는 것입니다. 하나님은 이런 부정한 행위를, 깨끗하지 않은 마음을 결코 모른 척하지 않으십니다. 하지만 어리석은 인간은 하나님의 눈과 마음이 우리에게 향하고 있음을 알지 못한 채 수단과 방법을 가리지 않고 욕심을 채우기에 바쁩니다. 그렇게 채운 탐심은 고통으로 남게 됩니다. 의인의 집에는 많은 보물이 있어도 악인의 소득은 고통이 될 것이기 때문입니다(잠언 15:6).

> 중한 변리로 자기 재산을 늘이는 것은 가난한 사람을 불쌍히 여기
> 는 자를 위해 그 재산을 저축하는 것이니라 잠언 28:8

너무 높은 이자를 받아 재산을 축적하는 것은 결코 정직한 방법이 아닙니다. 고리대금업을 하면서 재산을 증식시킬 수는 있습니다. 그러나 결국 그 돈은 가난한 사람을 불쌍히 여기는 자에게로 넘어가게 되어 있습니다. 이것이 하나님의 법칙입니다.

3. 수고하고 땀 흘려 벌라

망령되이 얻은 재물은 줄어가고 손으로 모은 것은 늘어가느니라

잠언 13:11

하나님께서 우리의 풍족함을 원하시지 않는다는 것은 오해입니다. 하나님은 우리가 하나님 안에서 풍성한 삶을 누리며 살기를 바라십니다. 그렇다면 하나님이 원하시는 풍족함은 어디에서 비롯되어야 하는 것일까요? 수고하는 것, 땀 흘리는 것, 손발을 움직이는 것, 즉 노력을 통해 얻어야 합니다. 그렇게 해서 얻는 재물이 진짜입니다.

NIV 영어성경은 '망령되이 얻은 재물'을 'dishonest money'라고 번역합니다. 정직하지 못하게 번 돈이라는 뜻입니다. 이렇게 엉터리로 번 돈은 자꾸 줄어듭니다. 그러나 내 손을 움직여서 수고해 얻은 돈, 땀 흘린 노력으로 얻은 돈은 점점 늘어납니다.

손을 게으르게 놀리는 자는 가난하게 되고 손이 부지런한 자는 부하게 되느니라 잠언 10:4

나태하게 살면 가난을 벗어날 수 없지만, 근면하고 성실하게 살면 부요함과 넉넉함을 누릴 수 있습니다. 무엇이든지 심는 대로 거두고, 때가 이르면 거두는 것이 하나님의 법칙입니다. 부지런히 수고하는 자에게 하나님께서는 반드시 그에 걸맞은 열매를 거두도록 하십니다.

> 자기의 토지를 경작하는 자는 먹을 것이 많으려니와 방탕을 따르는 자는 궁핍함이 많으리라 잠언 28:19

지혜자는 게으름과 함께 방탕도 궁핍의 원인이라고 말합니다. 누가복음 15장은 허랑방탕한 탕자 이야기를 매우 극적으로 다루고 있습니다. 아버지에게 재산을 받은 아들은 집을 나갔다가 얼마 지나지 않아 모든 걸 탕진하고 맙니다. 그는 열심히 살아야 할 젊음의 한 때를 방탕으로 낭비했습니다. 방탕과 게으름은 수고와 땀이 가져다주는 보람을 경험하지 못하고, 수고의 결실로 누리는 부요함마저 놓쳐버리게 만듭니다. 풍요로움에 이르는 하나님의 지혜는 멀리 있지 않습니다. 지금 나에게 주어진 일에 성실히 임하는 것, 그것이 풍요로움에 이르는 길입니다.

4. 부자 되기를 애쓰지 말라

부자 되기에 애쓰지 말고 네 사사로운 지혜를 버릴지어다 잠언 23:4

우리 모두 부자가 되고 싶은 마음의 소원이 있습니다. 오죽하면 "부자 되세요, 대박 나세요!"라는 인사말이 유행처럼 번졌겠습니까. 하지만 성경은 그 마음을 멈추라고 합니다. 부자 되는 게 삶의 목적이 되어버리면, 자연스레 사사롭고 이기적인 꾀가 작동하기 때문입니다. 돈을 향한 욕망을 품게 되면 기발하고 영민한 꾀가 생겨납니다. 그런데 문제는 그것이 남과 나를 살리는 지혜라기보다 이익을 취하는 데만 몰두하는 이기적인 꾀라는 데 있습니다. 이익을 극대화하고 합당한 명분을 만드는 데는 재빠르지만, 공동체를 일으키고 생명을 회복하는 데는 관심이 없습니다.

돈은 삶에 꼭 필요하고 땀 흘린 수고의 대가이지만, 한편으론 우리를 욕망의 노예가 되게 합니다. 그래서 지혜자는 우리에게 돈보다 먼저 하나님을 기억하도록 이런 기도를 가르쳐줍니다.

곧 헛된 것과 거짓말을 내게서 멀리 하옵시며 나를 가난하게도 마옵시고 부하게도 마옵시고 오직 필요한 양식으로 나를 먹이시옵

> 소서 혹 내가 배불러서 하나님을 모른다 여호와가 누구냐 할까 하오며 혹 내가 가난하여 도둑질하고 내 하나님의 이름을 욕되게 할까 두려워함이니이다 잠언 30:8-9

하나님은 내가 생계를 잇기 위해 도둑질을 해야 할 만큼 가난해지는 것을 원치 않으십니다. 이는 하나님이 슬퍼하시는 일입니다. 반대로 지나치게 풍요로워 하나님을 망각하게 되는 것도 원치 않으십니다. 하나님을 버릴 정도라면 그런 돈은 애초에 원하지도 말아야 합니다. 돈은 하나님께서 주신 선물입니다. 돈이 나를 구속해서도 안 되고 규정해서도 안 되며, 하나님을 사랑하는 데 방해가 되어서는 더더욱 안 됩니다.

돈으로 살 수 없는 것

> 가산이 적어도 여호와를 경외하는 것이 크게 부하고 번뇌하는 것보다 나으니라 채소를 먹으며 서로 사랑하는 것이 살진 소를 먹으며 서로 미워하는 것보다 나으니라 잠언 15:16-17

여호와를 경외하는 것이 가장 중요합니다. 아무리 재산이 많아도 마음속에 번뇌가 가득하면 무슨 소용이 있겠습니까? 가장 중요한 것은 하나님과 올바른 관계를 맺는 것입니다. 큰 집에 사는 사람은 치워야 할 것이 많은 것처럼 돈이 많은 사람은 오히려 번뇌가 많습니다. 다툼이 있고 소란이 있습니다. 그래서 가난할지라도 서로 사랑하며 사는 것이 훨씬 좋다는 것입니다.

돈이란 소중하고 가치 있는 것입니다. 그러나 우리는 돈보다 더 큰 예수 그리스도를 믿는 하나님의 사람들입니다. 하나님께서 주신 물질의 복에 늘 감사하고, 하나님께 영광을 돌리는 데 사용하기 위해 노력하십시오. 마지막으로 제게 깊은 깨달음을 준 피터 라이브스의 시로 이번 장을 마칩니다.

It can buy a person but not SPIRIT.
(이것으로 사람은 살 수 있지만 영혼은 살 수 없습니다.)
It can buy a house but not a HOME.
(이것으로 집은 살 수 있지만 가정은 살 수 없습니다.)
It can buy a bed but not SLEEP.
(이것으로 침대는 살 수 있지만 잠은 살 수 없습니다.)
It can buy a clock but not TIME.
(이것으로 시계는 살 수 있지만 시간은 살 수 없습니다.)

It can buy a book but not WISDOM.

(이것으로 책은 살 수 있지만 지혜는 살 수 없습니다.)

It can buy a position but not RESPECT.

(이것으로 지위는 살 수 있지만 존경은 살 수 없습니다.)

It can buy a medicine but not HEALTH.

(이것으로 약은 살 수 있지만 건강은 살 수 없습니다.)

It can buy a blood but not LIFE.

(이것으로 피는 살 수 있지만 생명은 살 수 없습니다.)

It can buy a sex but not LOVE.

(이것으로 섹스는 살 수 있지만 사랑은 살 수 없습니다.)

It can buy a pleasure but not DELIGHT.

(이것으로 쾌락은 살 수 있지만 기쁨은 살 수 없습니다.)

It can buy a food but not APPETITE.

(이것으로 음식은 살 수 있지만 식욕은 살 수 없습니다.)

It can buy a clothes but not BEAUTY.

(이것으로 옷은 살 수 있지만 아름다움은 살 수 없습니다.)

It can buy a luxury but not CULTURE.

(이것으로 귀중품은 살 수 있지만 가치는 살 수 없습니다.)

It can buy a articles goods but not PEACE.

(이것으로 보물은 살 수 있지만 평화는 살 수 없습니다.)

It can buy a beauty but not STABILITY.

(이것으로 화려함은 살 수 있지만 안정은 살 수 없습니다.)

It can buy a funeral but not GLORIOUS DEATH.

(이것으로 장례는 치를 수 있지만 영광스러운 죽음은 살 수 없습니다.)

It can buy a religion but not SALVATION.

(이것으로 종교는 살 수 있지만 구원은 살 수 없습니다.)

| 나에게 던지는 질문 |

1. 나는 돈을 어떻게 정의하고 있습니까? 내 삶에서 돈이 차지하는 비중을 생각해보고, 내가 돈을 모으는 목적에 대해 정직하게 대답해봅시다.

---

2. 돈을 다스리는 3단계 중 나에게 가장 어려운 것은 무엇입니까?

---

3. 지혜자의 기도문(잠언 30:8-9)을 참조해 내 재물관을 담은 기도문을 작성해봅시다.

Lesson 03 돈

돈이 좌지우지하는 세상입니다. 그러나 우리는 돈으로만 살 수 없습니다. 돈이란 도대체 무엇일까요? 어떻게 하면 돈에 지배당하지 않고 살 수 있을까요? 하나님이 주신 선물인 재물을 사용하는 방법을 배워봅니다.

1 돈을 다스리는 방법

돈에서 자유로워지려면 먼저 돈의 영향력을 인정하고 돈의 주인이 하나님이심을 인정해야 합니다. 그렇다면 하나님께서 왜 돈을 허락하셨을까요? 이 질문에 대한 하나님의 답을 찾을 때 우리는 비로소 돈을 올바로 사용할 줄 알게 됩니다. 돈은 하나님께서 우리의 이웃을 섬기라고 주신 선물입니다. '주는 것이 받는 것보다 복 있다'는 예수님의 말씀에 그 답이 있습니다.

2 돈을 다룰 때 주의할 점

지혜자는 재물에 의지하는 것이 얼마나 허망한지를 거듭 강조합니다. 하나님은 부정한 방법으로 재물을 모으거나 깨끗하게 사용하지 않는 것을 미워하십니다. 무엇이든지 심는 대로 거두고, 때가 이르면 거두는 것이 하나님의 법칙입니다. 돈은 땀 흘린 수고의 대가이지만, 한편으론 우리를 욕망의 노예가 되게 합니다. 돈이 나를 구속하거나 규정해서는 안 되며, 하나님을 사랑하는 데 방해가 되어서는 더더욱 안 됩니다.

3 돈으로 살 수 없는 것이 있다

하나님 안에서 돈에 대한 바른 개념이 생기면, 돈을 주인으로 삼는 것이 아니라 돈을 수단으로 여기고, 돈을 관리하며, 결국은 돈을 다스릴 수 있습니다. 돈은 가치 있는 것이지만, 우리는 돈보다 더 큰 예수 그리스도를 믿는 하나님의 사람들입니다. 하나님께서 주신 물질의 복에 늘 감사하고, 하나님께 영광을 돌리는 데 사용하기 위해 노력하십시오.

Lesson 04

술에 취할 것인가,
성령에 취할 것인가

> 포도주는 거만하게 하는 것이요 독주는 떠들게 하는 것이라
> 이에 미혹되는 자마다 지혜가 없느니라 잠언 20:1

술 마시는 진짜 이유

대학교 신입생 환영회 때 일입니다. 선배들이 빙 둘러앉아 저를 포함한 신입생들에게 술을 권하기 시작했습니다. 권유를 넘어선 선배들의 강요에 이끌려 '그래, 한번 마셔보자!' 하는 마음으로 받아 마신 것이 밤새도록 이어졌습니다. 중학교 때 한 번인가 입에 술을 댄 후 처음 있는 일이었습니다. 그렇게 많이 마신 것 같지도 않은데 결국 몸을 가눌 수 없을 정도가 되었습니다. 다행히 그때까지 정신을 놓지 않은 친구 하나가 저를 집까지 데려다주었고, 저는 그날 밤 쉴 새 없이 화장실을 들락날락해야 했습니다. 그때의 충격이 너무 컸던 탓인지 그 후로는 술을 입에 대지 않았습니다.

술에 흠뻑 취해본 적이 있으십니까? 이른바 '필름이 끊길' 정도로 말입니다. 대학교 입학 시즌이 되면 신입생 환영회 때 술을 마시다 사고를 당했다는 보도를 어렵지 않게 접할 수 있습니다. 안타깝다는 말로는 도저히 담아낼 수 없는 아픔입니다. 이것이 어디 신입생 환영회에서만의 문제겠습니까? 사회생활을 하면서도 문제 되는 것 중 하나가 바로 술 문화입니다. 직장생활을 하는 사람이라면 누구나 한두 번 술 문제로 고통을 당해봤을 것입니다. 도대체 왜 술 때문에 이런 어처구니없는 일들이 일어나고 겪지 않아도 될 어려움이 생기는 것일까요?

그것은 바로 한국의 건전하지 못한 술 문화 때문입니다. '내가 한 잔 마시면 너도 꼭 마셔야 한다'는 강제성이 술자리의 중심에 자리하고 있습니다. 함께 마시는 것을 마치 너와 나 사이에 반드시 지켜야 할 의리처럼 여기다 보니 술 문화가 좀처럼 바뀌지 않는 것입니다.

밤거리를 거닐어본 사람은 누구나 알 것입니다. 한국의 밤은 술로 휘청거리고 있습니다. 사람들은 왜 그렇게 술 마시는 것을 즐기고 술에 취하려는 것일까요? 왜 술이 없으면 진솔한 이야기를 못한다고 생각하는 것일까요? 도대체 왜 술을 강제로 먹이는 것일까요? 사람들은 이렇게 말하곤 합니다.

"서로 친밀해지기 위해 술을 마신다."

"화합을 위해 술을 마신다."

"기분이 좋아지려고 술을 마신다."

술이 사람 사이의 거리를 좁혀주고, 친밀함을 높여준다고 말합니다. 서로간의 이해를 돕고, 기분을 좋아지게 한다는 것입니다. 그러나 술 마시는 사람들의 내면을 자세히 들여다보면 그들이 표면적으로 내세우는 이유들 속에 감추어진 마음을 발견할 수 있습니다. 술의 힘을 빌려 평소에는 말할 수 없었던 것을 이야기하고 싶은 마음, 멀쩡한 정신으로는 용기가 부족해서 뭔가에 의지하고 싶은 마음입니다.

다시 말하면, 술을 마심으로써 자신 안에 있는 나약하고 비겁한 것들을 감추려는 것입니다. 그리고 더 깊은 마음자리에는 삶의 무의미함과 허무함을 위로받고 싶은 심정도 있습니다. 무엇으로라도 공허한 내면을 채우고 싶지만 그럴 만한 방법이 마땅히 없는 것입니다. 아무리 좋은 것을 먹어봐도 만족스럽지 않고, 육체의 쾌락을 좇아 즐겨봐도 채워지지 않는 마음을 술의 힘을 빌려 위안받으려는 것입니다.

술을 즐겨 마시는 사람은 대체로 외로움을 잘 타는 편입니다. 혼자 있는 것을 견디지 못하고, 외롭다는 사실에 직면하는 것을 두려

위합니다. 그 모든 것을 감당할 수 없어 술을 친구로 삼는 것입니다. 술을 마시면 자신의 진짜 감정을, 외롭다는 사실을 잠시라도 잊어버릴 수 있기 때문입니다.

하지만 술을 마실 때 단순히 건배 한 번으로 그치지 않습니다. 술이 자신을 지배할 때까지 취하도록 마십니다. 그래서 마시는 것에 만족하기보다 취하는 것에 열중하는 것처럼 보이기도 합니다. 그리고 그렇게 술을 한참 마시다 보면 자신이 누구인지, 어디로 향하고 있는지조차 모르는 상태에 빠지게 됩니다. 그때 발생하는 문제를 자기 탓이 아니라 술 때문이라고 책임을 전가하기도 합니다.

술 취함으로 얻어지는 것들

잠언은 술 취함의 문제를 자세히 다루고 있습니다. 기분을 좋게 하고, 좋은 사람들과의 만남을 부드럽게 하는 정도가 아니라, 깊이 취해 스스로를 잃어버리도록 마실 때 발생하는 문제들에 대해 말입니다.

1. 거만해지고 소란스러워진다

술 취한 사람들의 특징 중 하나는 평소에 보이지 않던 호기를 부리거나, 했던 이야기를 계속 반복하는 등 말이 많아지는 것입니다. 이것은 예나 지금이나 똑같은 모양입니다. 지혜자도 이러한 술 취함 현상에 대해 이야기하며, 이것에 빠진 자는 지혜가 없다고 말합니다.

> 포도주는 거만하게 하는 것이요 독주는 떠들게 하는 것이라 이에 미혹되는 자마다 지혜가 없느니라 잠언 20:1

성경에는 노아가 포도주에 취해 벌거벗고 누워 있을 때 아들들에게 창피를 당한 일이 나옵니다. 노아가 어떤 사람입니까? 하나님이 세상의 악함을 보시고 큰비로 벌을 주실 때, 방주를 짓게 할 정도로 하나님의 신뢰를 받는 사람이었습니다. 그리고 묵묵히 그 일을 해낸 순종의 사람이었습니다. 그럼에도 불구하고 노아는 술에 취해 성도의 품위를 한순간에 깨뜨려버렸습니다.

이것은 단지 노아만의 이야기가 아닙니다. 술만 마시면 평소와 전혀 다른 모습을 보이는 사람들이 있습니다. 점잖고, 친절하고, 합리적이던 사람이 술을 마시면 포악해지고 비이성적인 행동을 하는 경우가 있습니다. 왜 그럴까요? 자신의 삶에 마음의 질서가 잡혀 있지 않기 때문입니다. 그리고 취해 있는 동안 술이 내면의 질서를 어지럽히기 때문이기도 합니다.

특별히 '독주는 떠들게 하는 것'이라고 했는데, 말을 많이 하면 실수를 하게 마련입니다. 하지 않아야 할 말을 하게 되고, 그로 인해 누군가에게 상처를 줍니다. 독주는 어떤 순간에도 결코 삶의 바른 모습을 보여주지 않습니다.

2. 가난하고 궁색해진다

과도하고 무절제한 향락은 인간을 가난하고 궁색하게 만듭니다. 순간적인 쾌락을 위해 자신의 시간과 물질을 무분별하게 사용하기 때문입니다. 그런데 더욱 위험한 것은 향락의 자리에 늘 술이 빠지지 않는다는 사실입니다. 그렇게 술을 즐기면 인간의 많은 부분을 술이 통제하게 되고, 술에 통제권을 넘겨준 이성(理性)은 더 이상 자신의 역할을 감당하지 못하게 됩니다.

내가 술을 지배할 때 술은 마음을 기쁘게 하지만, 술이 나를 지배하기 시작하면 그때부터 내 삶은 불 꺼진 방처럼 어두워집니다. 그 결과 하나님이 우리에게 주신 축복의 역사를 잃어버릴 위험이 높아집니다.

> 연락을 좋아하는 자는 가난하게 되고 술과 기름을 좋아하는 자는 부하게 되지 못하느니라 잠언 21:17

> 술을 즐겨 하는 자들과 고기를 탐하는 자들과도 더불어 사귀지 말라 술 취하고 음식을 탐하는 자는 가난하여질 것이요 잠 자기를 즐겨 하는 자는 해어진 옷을 입을 것임이니라 잠언 23:20-21

지혜자는 술 취하는 사람과 게으른 사람, 즉 잠만 자는 사람 모두 가난해질 것이라고 경고합니다. '좀 더 누워 있자. 좀 더 자자' 하며 해야 할 일을 미루는 것이나 '좀 더 취하자. 좀 더 마시자' 하며 소중한 시간을 허비하는 것은 하나님이 보시기에 모두 어리석고 미련한 짓이기 때문입니다. 이들은 모두 인생을 위해 땀 흘려 수고하지 않는 자들입니다.

3. 자제력을 잃는다

여기, 밤새 잠을 못 이루는 사람이 있습니다. 그가 잠을 이루지 못하는 이유는 악행을 저지르지 못했기 때문입니다. 보통 사람들은 나쁜 행동을 했거나 스스로 생각하기에 떳떳하지 못한 일을 했을 때 죄책감과 두려움으로 인해 잠을 이루지 못합니다. 순간적으로 욱하는 마음에 누군가에게 상처를 주었다는 생각이 들어 '그때 조금만 더 참을걸' 하며 밤새 괴로워합니다.

하지만 악한 자는 그 반대입니다. 나쁜 짓을 하지 못한 것이 분할 따름입니다. 지혜자는 악한 자의 모습을 통해 자기 절제를 역설합니다.

> 그들은 악을 행하지 못하면 자지 못하며 사람을 넘어뜨리지 못하면 잠이 오지 아니하며 불의의 떡을 먹으며 강포의 술을 마심이니라 잠언 4:16-17

악한 일을 못하거나 남을 무너뜨리지 못하면 잠이 오지 않는 사람이 하는 일이란 악한 방법으로 얻은 양식을 먹고 강제로 빼앗은 술을 마시는 것입니다. 이것이 악한 사람의 습관입니다.

술에는 이렇듯 악한 일을, 정당하지 못하고 떳떳하지 못한 일을 하도록 부추기는 위험이 도사리고 있습니다. 자신이 품은 어둡고 악한 마음을 참지 못하고 자제력을 쉽게 던져버리게끔 하는 위험한 힘이 있습니다.

4. 중요한 것을 놓친다

다른 모든 사람도 그렇지만 특히 지도자라면 더욱더 술과 독주를 절제해야 합니다. 지도자의 지혜와 분별력은 그가 속한 공동체를 위한 것이며, 그의 판단력이 공동체의 운명을 결정짓기 때문입니다.

> 르무엘아 포도주를 마시는 것이 왕들에게 마땅하지 아니하고 왕들에게 마땅하지 아니하며 독주를 찾는 것이 주권자들에게 마땅하지 않도다 술을 마시다가 법을 잊어버리고 모든 곤고한 자들의 송사를 굽게 할까 두려우니라 독주는 죽게 된 자에게, 포도주는 마음에 근심하는 자에게 줄지어다 그는 마시고 자기의 빈궁한 것을 잊어버리겠고 다시 자기의 고통을 기억하지 아니하리라
> 잠언 31:4-7

잠언에서 말하는 르무엘은 '대표자'를 가리킵니다. 이는 솔로몬일 수도 있고, 일반적으로 이상적인 지도자를 말하는 것일 수도 있습니다. 지혜자는 죽을 정도로 힘든 사람이 고통을 잊기 위해 마시는 것은 그렇다 쳐도, 지도자라면 독주를 마시지 말고 법과 절제를 무너뜨리지 말아야 한다고 강조합니다. 독주를 마시거나 술에 취해 법을 잊고 재판을 어긋나게 하고 파멸의 길로 이르는 데 인생을 내맡겨서는 안 된다는 것입니다.

지도자들이 본연의 역할을 잃고 이성적으로 사고하지 못할 때 공동체에 많은 문제들이 발생합니다. 지도자는 공동체를 위해 세워진 특별한 사람입니다. 개인의 몸이지만, 개인을 넘어서는 존재입니다. 그래서 지도자는 더욱더 술에 취하지 말아야 합니다. 술 취함 속에는 미련함과 교만함이 있고 무지와 게으름이 있습니다. 거기에서 독재가 나오고 삶의 많은 문제들이 발생합니다. 무엇보다 이 사회에는 하나님을 믿는 정치·경제 지도자들이 있습니다. 그들로부터 시작하여 한국의 술 문화는 이제 새롭게 변해야 합니다.

술 취함과 성령

1. 술과 성령의 공통점 - 자신을 드러낸다

술 취하지 말라 이는 방탕한 것이니 오직 성령으로 충만함을 받으라 에베소서 5:18

바울은 왜 술 취하는 것과 성령 충만한 것을 비교한 것일까요? 성령 충만한 것과 술 취함이 겉으로 보기에 비슷한 부분이 있기 때문인 것 같습니다.

2000년 전, 알렉산드리아의 필로(Philo of Alexandria)는 은혜를 받는 것은 다른 사람들에게 술 취한 모습과 비슷해 보일 수 있다고 말했습니다.

"은혜가 영혼을 가득 채울 때, 영혼은 그로 인해 기뻐하고 미소를 지으며 춤을 추게 한다. 영혼의 신이 들리고 영감을 받게 되면, 잘 알지 못하는 사람들에게는 술에 취했거나 제정신이 아닌 상태인 것처럼 보이기도 한다. 그래서 어리석은 사람들은 스스로 속아서 멀쩡한 사람을 술에 취한 것으로 오인한다."

술과 성령에는 확실히 공통점이 있습니다. 우선 이름부터 그렇습니다. 증류된 술의 일종인 독주와 화주(火酒)를 영어로 'spirit'이라고 부른다는 사실을 알고 계십니까? 와인을 증류하면 붉은색이 사라지고 매우 독한 술이 됩니다. 이 술을 종종 '와인의 혼(spirit of wine)'이라고 표현하기도 합니다. 그래서 와인을 그냥 'spirit'이라고도 부릅니다.

또 다른 공통점은 술과 성령 모두 우리에게 즐거움을 준다는 사실입니다. 외롭고 답답할 때 친구를 만나 술 한 잔을 하니 마음이 트이는 듯 즐거웠다는 사람을 종종 봅니다. 주름 잡힌 마음이 펴지고, 우울했던 마음에 웃음이 찾아온다는 것입니다. 이런 감정의 변화는 성령이 우리에게 임할 때에도 경험할 수 있습니다. 외롭던 마음이 위로받고, 어둡던 마음이 환해지며, 어느새 즐거움과 기쁨이 가슴을 채우는 것을 발견하게 됩니다.

그뿐만이 아닙니다. 술과 성령 모두 닫혔던 마음을 열어줍니다. 술에 취하면 평소에는 표현하지 못했던 것들이 열려진 마음의 틈으로 쏟아져 나오기 시작합니다. 술은 마치 마음의 문을 여는 열쇠처럼, 평소 말이 없던 사람도 수다쟁이가 되게 하는 묘한 힘이 있습니다. 그런데 성령의 역사가 임해도 이와 비슷하게 닫힌 마음이 열리기 시작합니다. 고집과 편견, 욕심으로 굳게 닫혀 있던 마음이 녹기 시작합니다. 그리고 그동안 나를 억압하던 생각과 왜곡된 감정이 풀리기 시작합니다.

　이렇듯 술과 성령은 수줍던 마음에 용기를 실어줍니다. 그래서 자기 마음 안에 있던 생각들이, 입안에 있던 말들이 구체적으로 드러나게 합니다. 말에 힘이 생기기도 하고, 때로는 말이 많아지기도 합니다.

　베드로가 성령으로 충만해 유대 백성 앞에서 담대하게 하나님 말씀을 증거할 때 유대인들은 이상하게 생각했습니다.

　'얼마 전까지만 해도 비겁한 사람들이 아니었던가. 그토록 겁 많고 자기주장도 제대로 펴지 못하던 사람들이 어떻게 저토록 담대하게 설 수 있게 된 걸까?'

　사람들은 베드로와 사도들을 보면서 술에 취했다고 생각했습니다. 이렇게 외면적으로 볼 때 술과 성령은 자기 자신을 드러내는 용기를 준다는 점에서 비슷합니다.

2. 술과 성령의 차이점 – 망각제 vs 각성제

　그렇다면 술과 성령에는 공통점만 있는 것일까요? 만약 그렇다면, 우리는 성령의 충만함을 위해 술을 한 잔씩 들이켜야 할 것입니다. 하지만 이 둘 사이에는 매우 결정적인 차이가 있습니다. 표면적으로 드러난 현상 말고, 그 현상을 이끄는 힘의 근원과 그 현상의 역할이 다르다는 것입니다.

술은 망각제입니다. 계속해서 술을 마시면 망각 증세가 오기 시작하고, 어느 순간 절제력이 풀려버립니다. 또한 술은 마취제와 같아서 한 잔 두 잔 들어갈수록 자기 자신을 잃어갑니다. 점점 정신을 못 차리게 되는 것입니다. 자기 몸조차 의지대로 가누지 못하고, 스스로를 통제할 수 없게 됩니다. 육체적 욕망에 빠져들고, 금기시했던 자리에 머물기도 합니다. 그러고는 무슨 일이 있었는지 정확하게 기억 못한다고 합니다.

"내가 왜 그랬지? 모든 게 다 술 탓이야!"

이런 식으로 모든 잘못을 술한테 넘겨버립니다.

반면, 성령은 각성제입니다. 성령에 충만하게 되면 자기 자신을 더욱 뚜렷이 볼 수 있습니다. 자신의 참모습과 올바른 정체성을 발견하게 됩니다. 내가 지금 서 있는 자리가 어디인지, 어느 방향으로 가고 있는지, 이 땅에서 내게 주신 사명이 무엇인지 명확히 깨닫게 됩니다. 이것이 성령의 역사이고, 성령에 충만한 사람들의 모습입니다.

성령은 우리를 마비시키는 분이 아닙니다. 우리는 종종 성령 충만을 무언가에 과도하게 집착하는 사람, 미친 사람, 제정신이 아닌 사람이 되는 것으로 생각합니다. 하지만 이것은 오해입니다. 성령은 우리의 판단력과 분별력을 더욱 날카롭게 해주고, 모든 것을 더욱 뚜렷하고 올바르게 인식하도록 해줍니다. 내면의 생각을 투명하게 보여주고, 내 연약함과 부족함을 알게 하며, 더불어 그것을 넘어서는 용기를 갖도록 합니다. 그래서 사도 바울은 우리에게 '술 취함은 방탕한 것'이라고 경고하며 "성령으로 충만함을 받으라"고 적극 명령합니다. '방탕하다'는 말은 낭비한다는 뜻입니다. 즉, 소모적인 사람이 된다는 의미입니다. 그러나 성령 충만은 생산적인 사람, 창조적인 인물이 되는 것을 의미합니다.

술에 취한 사람은 알코올과 연합되어 있습니다. 그를 움직이는 힘은 알코올입니다. 술은 사람으로 하여금 자제력과 절제력을 잃게 만들어 욕망을 다스리지 못하게 할뿐더러 방탕한 행동을 하도록 이끕니다. 술에 취한 사람이 스스로 절제하는 것을 본 적이 있습니까? 술은 인간을 본능이 지배하는 짐승처럼 만들어 이성적 사고를 끊어버립니다.

그러나 영에 충만한 사람은 성령과 연합되어 있습니다. 그를 움직이는 힘은 성령입니다. 절제와 오래 참음은 성령의 열매입니다. 성령이 충만하면 모든 것에 더욱 절제하고, 판단력과 분별력에 더욱 힘이 생깁니다. 그리고 무엇보다 예수 그리스도의 형상을 닮아 지혜롭고 거룩한 사람이 됩니다.

이제 인생을 술에 취해 살겠습니까, 아니면 성령 충만함으로 살아가겠습니까? 물질에 불과한 알코올의 영향력에 내 삶을 맡기겠습니까, 아니면 살아 계신 하나님, 우리의 삶을 풍성하게 하시고 우리 안에 기쁨과 생명과 자유를 주시는 성령님께 당신의 인생을 드리겠습니까?

3. 성령 충만하다는 것

바울은 단순히 '성령을 받으라'라고 하기보다 '충만함을 받으라'라고 이야기합니다. 도대체 '성령의 충만함을 받는 것'은 어떤 것일까요? 이 표현은 능동태가 아닌 수동태입니다. 이는 성령 충만이 우리의 노력만으로 가능한 일이 아니라는 뜻입니다. 요컨대 그 속에는 하나님께서 우리 삶에 간섭하시고 우리에게 친히 채워주신다는 뜻이 담겨 있는 것입니다. 이 의미를 한층 잘 설명해주는 글이 있습니다.

존 스토트는 《나는 왜 그리스도인이 되었는가》라는 책에서 자신의 모습을 자전적으로 그리며 프랜시스 톰슨이 쓴 〈천국의 사냥개〉라는 시를 인용합니다. 조금은 경망스러운 표현일 수 있지만, 존 스토트는 하나님과 예수 그리스도 그리고 성령을 천국의 사냥개였다고 표현합니다. 바로 그 사냥개가 자기 인생을 아주 철저하게 따라붙어 추적했다는 것입니다. 그는 이렇게 이야기합니다.

"천국의 사냥개이신 그분이 나를 은혜롭게 추적하지 않았다면 내 인생은 얼마나 헛된 것이 되었을까. 내 인생은 쓰레기통으로 들어갈 수밖에 없었을 것이다."

성령의 사람이 된다는 것은 목표를 끈질기게 추적하는 사냥개처럼 나를 쉬지 않고 추적하시는 하나님 앞에 나 자신을 내어놓는 것입니다. 따라서 성령 충만이란 어떤 특별한 경험, 즉 신비하고 초월적인 경험이나 감성적인 경험을 하는 것을 의미하는 것이 아니라 나 자신이 철저하게 하나님께 추적당하고 있다는 것을 깨닫는 것입니다. 성령에 의해서 내 인생이 쫓김 받고 있다는 사실을 인식하는 것입니다.

"하나님, 제가 어디로 가겠습니까? 제가 어디로 도망가더라도 하나님이 저를 따라오실 텐데요. 제 인생을 하나님께 맡깁니다."

이것이 바로 성령 충만입니다.

하나님의 개입으로 이루어지는 삶

신앙인이 된다는 것은 하나님이 보시기에 매력적인 인물이 되는 것을 의미합니다. 젊거나 외모가 아름답게 때문에, 혹은 반짝이는 것들로 치장했기 때문이 아니라 그 속에 할 말이 있고 사명과 기쁨 그리고 세상이 주지 못하는 평화가 있어서 매력적인 사람이 되는 것입니다.

술에 취한 모습으로 매력을 발산하려 하지 말고 성령에 취하십시오. 사람을 끌어당기는 진정한 힘과 매력은 성령에 있습니다. 세상 사람들에게 영향력을 주는 교회의 힘도 바로 성령에서 나옵니다. 성령은 죄책감과 죄의 자리에서 우리에게 용서를 베푸는 영이십니다. 우리를 끊임없이 억압하는 죄의 사슬로부터 풀어주는 자유의 영이고, 죽음의 위협에서 건져주는 생명의 영이십니다. 또한 성령은 우리 삶의 허물을 깨뜨리는 길과 진리의 영이십니다.

하나님께서는 우리 한 사람 한 사람이 성령에 붙들려 살아가기를 원하십니다. 이 성령 충만함은 몇몇 특별한 사람만 받을 수 있는 것이 아닙니다. 뭔가 대단한 일을 하는 사람에게만 주시는 것이 아닙니다. 하나님의 사랑을 깨닫는 사람, 하나님께서 자신의 인생을 추적해오고 계셨음을 확인한 사람, 말씀으로 갈급한 사람, 이 모두가 이미 성령의 충만함을 받은 하나님의 사람들입니다.

성령 충만은 성경이나 신앙 서적에 기록된 과거의 사건이 아닙니다. 현재진행형입니다. 오늘, 바로 지금, 나에게 일어나는 일입니다. 하나님의 개입으로 이루어지는 삶. 이것을 내 것으로 삼아 참된 평화와 기쁨 속에서 살아가는 건 어떻겠습니까?

| 나에게 던지는 질문 |

1. 술을 즐겨 마시는 편입니까? 그렇다면 대체로 어느 때 마시며 술을 즐기는 이유는 무엇입니까?

---

2. 지혜자의 가르침을 생각하며 술이 내 삶에 어떤 부정적인 영향을 주었는지 생각해봅시다.

---

3. 좀 더 가치 있는 인생, 술이 아닌 성령에 취한 인생을 살기 위해 이 시간 결단할 것이 있습니까?

Lesson 04 술

사람들은 친목을 도모하기 위해 술을 마신다고 합니다. 술이 사람 사이의 거리를 좁히고 친밀감을 높여준다는 것입니다. 그러나 채워지지 않는 공허한 마음을 술로 달래려 해도 잠시뿐입니다. 우리에게는 지속적이고 참된 만족이 필요합니다. 그렇다면 우리의 마음을 무엇으로 채울 수 있을까요?

1 술 취함의 결과
술에 취하면 말이 많아지고 실수가 잦아집니다. 술에는 자제력을 쉽게 잃게 하는 위험한 힘이 있습니다. 특히 지도자라면 더더욱 술과 독주를 절제해야 합니다. 지도자의 지혜와 분별력은 그가 속한 공동체를 위한 것이며, 그의 판단력이 공동체의 운명을 결정짓기 때문입니다.

2 술 취함과 성령
술과 성령 모두 우리에게 즐거움을 안겨줍니다. 한번 붙들리면 기분이 좋아지고 수줍던 마음에 용기가 생깁니다. 하지만 둘 사이에는 매우 결정적인 차이가 있습니다. 술은 망각제입니다. 술을 계속 마시면 망각 증세가 오고, 어느 순간 절제가 풀려버립니다. 반면, 성령은 각성제입니다. 성령 충만하게 되면 자기 자신을 더욱 뚜렷이 볼 수 있습니다. 자신의 참모습과 올바른 정체성을 발견하게 됩니다.

3 성령에 취하라
술에 취한 모습으로 매력을 발산하려 하지 말고 성령에 취하십시오. 사람을 끌어당기는 진정한 힘과 매력은 성령에 있습니다. 성령 충만은 성경이나 신앙 서적에 기록된 과거의 사건이 아닙니다. 바로 지금, 나에게 일어나는 일입니다. 하나님의 개입으로 이루어지는 삶을 살아 참 평화와 기쁨을 누리십시오!

Lesson 05

차이를 인정할 때
가정의 평화가 시작된다

> 누가 현숙한 여인을 찾아 얻겠느냐 그의 값은 진주보다 더하니라
> 그런 자의 남편의 마음은 그를 믿나니… 잠언 31:10-11

화성에서 온 남자, 금성에서 온 여자

남편과 아내는 모든 인간관계를 통틀어 가장 가까운 관계입니다. 그런데 이토록 가까운 두 사람이 한 집에서 함께 살아가면서도 서로를 잘 이해하지 못합니다. 존 그레이 박사의 유명한 스테디셀러 제목처럼 '화성에서 온 남자, 금성에서 온 여자'가 매일 얼굴을 맞댄 채 살고 있습니다. 상담학자들은 부부 문제를 이야기할 때마다 서로가 서로에게 바라는 것이 너무나 다르다고 합니다. 남편은 아내에게 성(性)적인 만족을 우선적으로 원하는 데 반해, 아내는 남편에게서 친밀감을 가장 먼저 바란다고 합니다. 마주보며 '사랑'을 이야기하지만, 그 사랑을 확인하는 방법이 이렇게 다릅니다.

하나님은 남자와 여자를 다르게 창조하셨습니다. 말하는 법도 다르고 생각하는 방식도 다릅니다. 삶의 목적과 목표도 다릅니다. 그래서 서로를 이해하려는 노력을 하지 않으면, 오해와 다툼 없이 살아가기 어려운 관계가 바로 부부입니다. 상대편이 나와 얼마나 다른지를 정직하게 인정하고 이를 마음으로 수용하는 것이 필요합니다. 그러나 그보다 먼저 남성이라는 '나', 여성이라는 '나'를 똑바로 바라볼 수 있어야 합니다. 내가 어떤 존재인지 제대로 알 때 상대방과의 다름도 인정할 수 있기 때문입니다. 그래서 지혜자는 가정에 대해 이야기할 때 남편과 여자를 구분지어 각자에게 다른 지침을 줍니다. 먼저 남편에게는 각별히 주의해야 할 것들을, 아내에게는 하나님께서 말씀하시는 현숙한 여자로서의 조건들을 이야기합니다.

결혼은 모든 남자의 축복-남자 편

가정을 이뤘다는 것은 그 자체만으로 큰 축복입니다. 그래서 아내와 함께 사는 남자는 그것이 얼마나 큰 복인지 매일 실감하며 감사해야 합니다. 단지 사랑하는 여인을 아내로 맞이했기 때문이 아닙니다. 지친 몸을 이끌고 집으로 왔을 때, 위로와 사랑으로 품어주는 공간이 생겼기 때문도 아닙니다.

> 아내를 얻는 자는 복을 얻고 여호와께 은총을 받는 자니라
>
> 잠언 18:22

지혜자는 '아내를 얻는 자'를 여호와께 복과 은총을 받은 사람이라고 이야기합니다. 아내는 하나님께서 주신 은혜이자 선물입니다. 집에 들어갈 때 아내가 있다는 사실에 감사해본 적 있습니까? 아직까지 그래 본 적이 없다면, 지금부터라도 매일의 삶 가운데 감사의 고백을 드리기 바랍니다. 하나님의 은혜에 감사할 줄 아는 것이 믿음의 남자들의 모습입니다. 지혜자는 한 번으로 그치지 않고 아내가 하나님에게서 비롯된 선물임을 거듭 강조합니다.

> 집과 재물은 조상에게서 상속하거니와 슬기로운 아내는 여호와께로서 말미암느니라 잠언 19:14

우리가 가진 모든 것은 하나님의 선물입니다. 내가 소유한 집도 재물도 다 하나님께서 주신 것이지만, 무엇보다 슬기로운 아내는 주님께 말미암은 것입니다. 어째서 그러합니까? 지혜자는 부유한 부모님 덕분에 어려서부터, 혹은 장성해서 넓은 집이나 많은 재물을 누리는 사람들이 있다고 합니다. 그렇지만 아내는 그 누구에게

서도 자연스럽게 얻을 수 있는 것이 아니며, 어느 순간 내 옆에 있게 되는 것도 아닙니다. 그렇기 때문에 결혼을 위해서는 특별히 더 기도해야 합니다. 만약 결혼할 때 기도를 많이 하지 못했다면, 그 후에라도 배우자를 위해 열심히 기도해야 합니다. 화목한 가정은 남편 혼자 만들어가는 것이 아니기 때문입니다. 하나님께서 내 아내에게 지혜와 현명함을 주셔서 나와 함께 가정을 아름답게 가꾸어갈 수 있는 슬기로움을 달라고 기도해야 합니다.

그렇다면 하나님께서 주신 가정을 위해 남편이 해야 할 것은 내 아내가 슬기롭게 되기를 바라는 것뿐일까요?

남자는 여자에 비해 성에 대한 욕망이 큽니다. 사춘기 때부터 성적 충동과 욕구가 생겨나 허리 굽은 노인이 될 때까지 사라지지 않기 때문에 남자에게는 성에 대한 바른 인식과 자기 절제가 꼭 필요합니다. 이것 없이는 가정뿐 아니라 일터와 공동체에서도 실패할 수밖에 없습니다. 우리는 저명 인사들이 이 문제를 바르게 다루지 못해 그동안 쌓아온 것을 한순간에 잃어버리는 일을 자주 접합니다. 그래서 지혜자는 성 문제를 남편이 조심해야 할 것 중 하나로 자세히 다루고 있습니다.

> 대저 음녀의 입술은 꿀을 떨어뜨리며 그의 입은 기름보다 미끄러우나 나중은 쑥같이 쓰고 두 날 가진 칼같이 날카로우며 그의 발은 사지로 내려가며 그의 걸음은 스올로 나아가나니 잠언 5:3-5

잘못된 관계의 마지막이 어떠할지 지혜자는 분명하게 경고합니다. 그것은 쓰고 날카롭게 인간을 죽음으로 내몹니다. 예외가 없습니다. '사지(死地)로 내려가는 걸음'이라는 말보다 더 무서운 말이 어디 있겠습니까? 하지만 이런 강한 경고에도 불구하고 남자들이 여인의 유혹에 빠지는 이유는 그것이 아주 달콤하게 다가오기 때문입니다. 꿀처럼 달고 기름처럼 부드럽게 은근슬쩍 마음을 흔들기 때문입니다. 2000년 전이나 오늘날이나 다를 바 없습니다. 잠언에는 여인의 유혹에 넘어가는 남자의 상황을 아주 실감나게 묘사하고 있습니다.

> 그가 거리를 지나 음녀의 골목 모퉁이로 가까이하여 그의 집 쪽으로 가는데 저물 때, 황혼 때, 깊은 밤 흑암 중에라 잠언 7:8-9

깊은 밤, 음녀가 남자를 유혹합니다. 다시 말하면, 어둡고 아무도 보이지 않을 때 남자는 음녀의 유혹을 받습니다. 예나 지금이나 밤 문화는 성업 중이며 늦은 밤거리에서 어슬렁거리는 남자는 유혹을 받기 쉽습니다. 그래서 늦은 밤거리를 조심해야 합니다. 밤 문화는 결코 건전하고 깨끗한 문화가 아닙니다. 인간의 숨은 탐욕을 드러나게 하고, 떳떳하지 못한 감정을 건드리는 어둠의 문화입니다.

> 어떤 때에는 거리, 어떤 때에는 광장 또 모퉁이마다 서서 사람을 기다리는 자라 잠언 7:12

그런데 문제는 유혹의 손길이 특별한 곳에 있는 게 아니라는 사실입니다. 사람들이 지나다니는 곳이면 어디나 우리를 넘어뜨리기 위한 유혹이 도사리고 있습니다. 오늘날은 거리마다 유흥 문화가 곳곳에 널려 있습니다. 심지어 주택가까지 깊숙이 들어와 마음만 먹으면 어느 때나 유흥을 즐길 수 있는 위험한 시대입니다.

> 여러 가지 고운 말로 유혹하며 입술의 호리는 말로 꾀므로 잠언 7:21

게다가 음녀의 유혹은 아주 치밀하고 적극적이어서 대부분의 남자가 넘어갈 만합니다. 앞서 이야기했듯이 이 유혹은 결코 위협적이지 않으며 위험해 보이지도 않습니다. 오히려 눈과 귀가 즐거워지는 유혹입니다. 그래서 더욱 위험합니다.

> 젊은이가 곧 그를 따랐으니 소가 도수장으로 가는 것 같고 미련한 자가 벌을 받으려고 쇠사슬에 매이러 가는 것과 같도다 필경은 화살이 그 간을 뚫게 되리라 새가 빨리 그물로 들어가되 그의 생명을 잃어버릴 줄을 알지 못함과 같으니라 잠언 7:22-23

하지만 이 달콤하고 부드러운 유혹을 따르는 남자의 실상은 소가 도살장으로 끌려가는 것과 같고 쇠사슬에 매이러 가는 것과 같다고 합니다. 결국엔 날카로운 화살이 그 간을 뚫게 될 것입니다. 왜냐하면 거기에는 사랑이 아닌 육체적 쾌락만 존재하기 때문입니다. 비인격적이고 육체적인 욕망에 빠지는 것은 곧 생명을 잃어버리는 것이라고 지혜자는 가르칩니다.

그렇다면 곳곳에 있는 이 부드럽고도 달콤한 성적 유혹에서 자신과 가정을 지키기 위해 그리스도인들은 어떤 태도를 취해야 할까요?

1. 정욕의 불을 오래 품지 않는다

> 네 마음에 그의 아름다움을 탐하지 말며 그 눈꺼풀에 홀리지 말라 잠언 6:25

> 사람이 불을 품에 품고서야 어찌 그의 옷이 타지 아니하겠으며 사람이 숯불을 밟고서야 어찌 그의 발이 데지 아니하겠느냐 남의 아내와 통간하는 자도 이와 같을 것이라 그를 만지는 자마다 벌을 면하지 못하리라 잠언 6:27-29

남자이기 때문에 여자와 달리 끓어오르는 정욕이 있습니다. 그래서 자꾸만 아름다운 것들이 눈에 보이고 마음에 남습니다. 하지만 지혜자는 그런 마음을 품지 말라고 이야기합니다. 정욕은 마치 불과 같습니다. 불덩어리를 가슴에 품었다고 생각해보십시오. 옷이 타지 않겠습니까? 맨발로 숯불 위에 올라선다고 생각해보십시오. 발바닥을 데지 않겠습니까? 불을 제자리에 두지 않으면, 불을 제대로 사용하지 않으면, 입고 있던 옷이 타버리고 몸에 상처가 나는 것은 당연합니다.

하지만 불을 올바르게 사용하면 그것은 큰 축복이 됩니다. 불을 화로 속에 넣으면 온 집 안이 따뜻해집니다. 초나 등(燈)에 붙이면 어둡던 곳이 밝아집니다. 정욕도 마찬가지입니다. 잘 제어하면 개인에게는 용기와 자신감이 생기고, 가정에는 화목함의 복이 됩니다. 바른 자리에 놓인 불처럼 바르게 사용한 정욕은 세상 어느 곳보다 따뜻하고 밝은 가정을 만듭니다.

중세 시대에 수사들은 정욕을 이기기 위해 추운 겨울에 벌거벗고 눈 위를 뒹굴었다고 합니다. 그만큼 정욕을 다스리기 어렵다는 이야기일 것입니다. 그렇다면 정욕 자체가 나쁜 것일까요? 아닙니다. 하나님이 인간에게 주신 하나의 욕구입니다. 다만 그것을 잘 통제하고, 좀 더 가치 있는 일을 위해 사용하라고 말씀하시는 것입니다. 실제로 정욕을 제어하는 것이 불가능한 일은 아닙니다. 불과도 같은 강한 에너지를 다른 방향으로 바꿀 수 있습니다. 즉, 목표를 가지고 일함으로써 건강한 방식으로 승화하는 것입니다. 어떤 사람은 성경을 번역하는 일에, 어떤 사람은 도움이 필요한 사람들을 섬기고 돕는 일에 자신의 열정을 사용합니다.

2. 정욕보다 더 큰 지혜를 사모하라

> 지혜가 또 너를 음녀에게서, 말로 호리는 이방 계집에게서 구원하리니 잠언 2:16

> 지혜를 사모하는 자는 아비를 즐겁게 하여도 창기와 사귀는 자는 재물을 잃느니라 잠언 29:3

사랑하는 아내를 버리고 다른 여인의 유혹과 꼬임에 넘어가는 것은 단순히 정욕의 문제가 아니라는 이야기입니다. 그것은 지혜가 없기 때문입니다. 지혜가 무엇입니까? 마음을 정직하게 하고, 공의롭게 하는 동시에 가정의 소중함을 깨닫게 해주는 것입니다. 자신이 젊어서 얻은 아내와 남편이 얼마나 귀하고 소중한 존재인지를 깨닫는 것입니다. 자신이 가진 욕망을 절제할 수 있는 복은 바로 이 지혜에서 나옵니다.

우리에게 하나님을 경외하는 지혜가 있을 때 유혹을 넘어설 수 있고, 열정을 올바르게 사용할 수 있습니다. 열정은 반드시 있어야 하지만 그 열정이 육체적 쾌락에 머물러서는 안 됩니다. 우리는 그 열정을 하나님을 알아가는 데, 가정을 아름답게 지켜가는 데 그리고 하나님이 주신 사명을 이루는 데 사용해야 합니다. 그것을 위해서는 끊임없는 결단과 실천이 필요합니다.

3. 최후를 기억하라

여인과 간음하는 자는 무지한 자라 이것을 행하는 자는 자기의 영혼을 망하게 하며 상함과 능욕을 받고 부끄러움을 씻을 수 없게 되나니 남편의 투기로 분노하여 원수 갚는 날에 용서하지 아니하

고 어떤 보상도 받지 아니하며 많은 선물을 줄지라도 듣지 아니하리라 잠언 6:32-35

우리가 때로 잘못된 선택을 하는 것은 그 결과를 생각하지 않기 때문일 경우가 많습니다. 유혹과 쾌락 앞에서도 그 일의 결과를 생각해야 합니다. 이미 우리에게 여러 번 경고한 지혜자의 엄한 목소리를 기억해야 합니다. 그 순간에는 쾌락과 달콤함이 있겠지만, 그 이후를 생각해야 합니다. 그리고 멈춰야 합니다. 유혹 앞에서 흔들릴 수는 있지만, 그 결과가 어떠할지 떠올릴 때 마음을 돌이킬 수 있습니다. 우리는 끊임없이 마지막을 확인해야 합니다. 이런 생각을 하지 않고 유혹에 빠지는 사람은 '무지한 자'입니다. 그 결과는 영혼을 파괴하고 씻을 수 없는 수치를 겪게 합니다. 기억하십시오. 지금 당장 멈춰야 합니다. 이것이 믿음의 사람들에게 필요한 지혜입니다.

4. 자기 아내로 만족하라

네 샘으로 복되게 하라 네가 젊어서 취한 아내를 즐거워하라

잠언 5:18

'네 샘'은 가정, 곧 아내를 뜻합니다. 네 샘에서 흐르는 물을 마시라는 것입니다. 다른 곳을 기웃거리지 말고, 하나님이 주신 귀한 아내에게 감사하고 하나님이 주신 가정의 축복을 나누라는 말씀입니다. 가정을 가진 남편이 해야 할 일은 자기 아내를 즐거워하고 아내를 기뻐하고 아내와 함께 하나님 안에서 가정의 화목을 누리는 것입니다. 물론 젊은 세대와 나이 든 세대가 누리는 것은 조금씩 다릅니다. 하지만 세대와 상관없이 부부는 모름지기 하나님이 주신 사랑이라는 친밀감과 기쁨을 함께 누려야 하는 관계입니다.

아내를 사랑하는 모습을 남에게 보여주는 것을 부끄럽게 여기는 사람이 더러 있습니다. 그러나 자기 아내를 인격적으로 존중하고, 사랑하는 것은 결코 부끄러운 일이 아닙니다. 그것은 아름다운 일일 뿐 아니라 하나님과 사람들 앞에서 칭찬받을 일입니다. 내 아내의 품으로 만족하는 남편이 되는 것, 그것이 바로 축복입니다.

5. 영적 주도권을 가져라

가정은 남자가 지켜야 합니다. 언젠가 아내를 사랑하는 데 목숨을 걸라고 설교했더니 항의하는 분들이 있었습니다. 마치 가정을 지키는 게 남편만의 몫이라는 얘기로 들렸다는 것입니다. 그런데 가정의 주도권은 남자에게 있습니다. 그래서 남편이 책임을 져야 하는 것이 맞습니다. 남편이 영적인 리더십을 가져야 아내가 편안합니다. 그래야 남편을 존경하게 되고, 그 뒤를 따르게 됩니다. 그런데 남편의 영적 리더십과 주도권이 가정 안에서 상실되면 그때부터 남편의 위치가 흔들리고 가정 또한 위험에 처할 수 있습니다.

남편이 먼저 가정의 소중함을 알고 아내를 인격적으로 존중하며 사랑해야 가정이 살아납니다. 그리고 그런 가정 안에서 살아가는 아내는 생기가 넘칩니다. 그러면 남편에게 그 생기가 전달되어 다시금 가정이 살아나고, 아이들이 살아납니다.

수신제가치국평천하(修身齊家治國平天下)라는 말이 있습니다. 가정이 정돈되어야 모든 일이 평화로울 수 있음을 의미하는 말입니다. 가정이 행복하지 않으면 우리의 어떤 부분도 온전해지지 않는다는 사실을 기억해야 합니다. 예수 믿는 하나님의 사람들, 특히 남성은 이 말을 마음속에 깊게 새겨야 합니다.

여호와를 경외하는 여인-여자 편

잠언은 하나님을 경외하는 것으로 시작해서 현숙한 여인을 예찬하는 것으로 끝맺습니다. 현숙한 어머니와 아내가 복되고 귀하다는 사실을 만천하에 선포하고 있는 것입니다. 지혜는 헬라어로 '소피아'이고, 히브리어로는 '호크마'입니다. 그런데 두 단어 모두 여성형입니다. 아마 고대인들은 지혜 안에 여성적인 성품과 특성이 있다고 생각한 것 같습니다. 이스라엘 백성도 특별히 어머니와 아내의 모습을 통해 지혜의 특성을 가르쳤습니다.

잠언은 조금 독특합니다. 단순히 남자와 여자가 아닌, 남편과 아내라는 이름으로 가정에서의 역할을 제시한다는 점에서 훨씬 구체적입니다. 그런데 문제는 잠언이 남성 중심으로 쓰였다는 것입니다. 그래서 현 시대의 여성, 특히 아내들에게 비현실적으로 다가오는 부분이 있습니다. 만약 여성 중심이었다면 가정에 대한 잠언의 내용이 어느 정도 달라졌을 것입니다. 하지만 중요한 것은 남편과 아내 두 사람은 하나님 안에서 화목한 가정을 함께 이루어가야 할 책임이 있는 사람이며, 그렇기에 자기 역할에 충실하고 서로의 연약함을 도와줘야 한다는 사실입니다. 그 핵심에 집중해야 합니다.

> 어진 여인은 그 지아비의 면류관이나 욕을 끼치는 여인은 그 지아비의 뼈가 썩음 같게 하느니라 잠언 12:4

아내가 아무리 하나님이 주신 선물이라 해도 모든 아내가 다 한 모습은 아닙니다. 남편의 면류관 같은 아내가 있는가 하면, 남편의 뼈 속을 썩게 하는 아내가 있다고 하니 말입니다. 그렇다면 지혜자가 말하는 이상적인 아내는 어떤 모습일까요?

여자가 젊었을 때는 곱고 아름다운 외모에서 비롯된 매력 때문에 남자들이 관심을 갖고 사랑하게 됩니다. 그래서 결혼해 아내로 삼지만 "미인은 사흘에 싫증이 나고, 추녀는 사흘에 정이 든다"는 말처럼 아무리 미인이라도 매일 아침저녁으로 대하다 보면 별것 아닌 것이 되고 맙니다. 처음에는 겉모습이 눈에 들어오지만, 시간이 지날수록 그 속에 있는 것들이 보이기 때문입니다. 마음속에 있는 생각, 겉으로 드러나는 말 때문에 함께 살아갈수록 그 전에는 몰랐던 매력을 발산하는 아내가 가정을 아름답게 만들어갑니다.

잠언이 말하는 이상적인 아내상은 바로 이런 여성입니다. 하나님을 사랑하는 열정으로 삶의 현장에서 하나님의 역사를 이루고, 가정을 풍성하게 꾸미고, 주변을 돌아보면서 자기 삶에서 귀한 일들을 감당하는 여성입니다. 어쩌면 우리가 기대하는 것과 다른 모습일 수도 있습니다. 지금의 현실과 맞지 않는다고 여겨질 수도 있습니다. 그러나 하나님은 이 여인이 복되다고 분명히 말씀하고 계십니다. 그 이유는 이 여인의 중심에 하나님이 계시기 때문입니다.

1. 신뢰받는다

누가 현숙한 여인을 찾아 얻겠느냐 그의 값은 진주보다 더하니라
그런 자의 남편의 마음은 그를 믿나니 산업이 핍절하지 아니하겠
으며 잠언 31:10-11

남편이 아내를 신뢰하고 아내가 남편을 신뢰하는 것보다 중요한 것이 있을까요. 신뢰 관계가 형성되었다면 어떤 문제도 해결할 가능성이 열려 있는 것입니다. 많은 문제들이 신뢰가 깨짐으로써 발생하고, 회복된 신뢰로 인해 해결됩니다. 그런 점에서 남편으로부터 신뢰를 받는다는 것은 아내에게 큰 축복입니다. 그만큼 신뢰를 쌓는 것은 쉬운 일이 아닙니다. 그래서 지혜자는 그런 아내를 진주보다 더 가치 있다고 말합니다.

2. 수고하고 땀 흘린다

밤이 새기 전에 일어나서 자기 집안 사람들에게 음식을 나누어 주
며 여종들에게 일을 정하여 맡기며 잠언 31:15

> 자기의 집안일을 보살피고 게을리 얻은 양식을 먹지 아니하나니
>
> 잠언 31:27

일찍 일어나서 집 안을 살피는 여인은 매우 부지런한 사람입니다. 이는 자신에게 주어진 일을 하나님께서 맡기신 것으로 생각하기 때문에 가능한 일입니다. 가정 CEO인 셈입니다. 삶을 매우 보람차고 의미 있게 꾸려나가는 여성입니다.

> 상인의 배와 같아서 먼 데서 양식을 가져 오며 잠언 31:14

> 밭을 살펴보고 사며 자기의 손으로 번 것을 가지고 포도원을 일구며 잠언 31:16

여기서 말하는 여성은 능력 있는 사업가처럼 보이기도 합니다. 집안일뿐만 아니라 밖에 나가서 일도 할 줄 알고, 부를 창출할 줄도 압니다. 부정직한 방법이 아닌 자신의 노력으로 이 모든 것을 얻어내는 것입니다. 이렇게 살기 위해서는 무엇보다 부지런해야 하고, 자기 삶을 내어놓는 헌신이 있어야 합니다. 이런 아내라면 남편이 모든 것을 맡겨도 안심할 수 있지 않겠습니까?

3. 마음이 따뜻하다

그는 곤고한 자에게 손을 펴며 궁핍한 자를 위하여 손을 내밀며

잠언 31:20

내 아이, 내 남편, 내 가정만 잘되기를 바라는 아내가 아닙니다. 주위에 곤고한 사람과 연약한 사람이 없는지 항상 살필 줄 알고, 어렵고 힘들게 사는 사람들을 외면하지 않는 여인입니다. 그들의 필요에 대해 생각하며, 그들을 돕기 위해 적극적으로 행동합니다. 그 마음은 항상 이웃을 향해 따뜻하게 열려 있습니다.

일 잘하는 사람은 때로 너무 냉엄해서 따뜻함이 결여될 수 있습니다. 내 가정에 충실하고 내 가족에게는 1등 아내 또는 1등 엄마이지만, 다른 사람의 아픔에는 무관심한 여자들이 있습니다. 그들은 때로 이렇게 생각합니다.

'나는 이렇게 부지런히 일하고 가족을 돌보는데, 당신은 게을러서 그런 거야. 그러니 실패할 수밖에 없지!'

하지만 현숙한 여인은 다릅니다. 그들은 자신의 일에는 철저함이 있고, 다른 사람에게는 배려가 있습니다.

4. 미래를 준비한다

> 자기 집 사람들은 다 홍색 옷을 입었으므로 눈이 와도 그는 자기 집 사람들을 위하여 염려하지 아니하며 잠언 31:21

> 능력과 존귀로 옷을 삼고 후일을 웃으며 잠언 31:25

일이 일어나기 직전에 다급하게 움직이는 것이 아닙니다. '언제가 뭐가 중요해. 어떻게 하든 결과만 잘되면 그만이지'라고 생각하며 미루지 않습니다. 눈이 오기 전에 추위에 떨지 않도록 옷을 준비합니다. 항상 후일이 어떻게 될지 미리 예비합니다. 미리 준비했기에 어떤 상황에서도 여유로울 수 있고, 웃을 수 있는 것입니다. 이러한 아내는 가정에 평안과 안심을 가져다줍니다.

5. 자신을 가꿀 줄 안다

> 그는 자기를 위하여 아름다운 이불을 지으며 세마포와 자색 옷을 입으며 잠언 31:22

일만 열심히 하는 것이 아닙니다. 자기 자신을 꾸밀 줄도 압니다. 저는 여성들이 자기 모습을 아름답게 꾸미는 것을 좋게 생각합니다. 남편은 종종 아내가 몸을 치장하는 것에 너무 많은 시간을 보낸다고 불평하거나 옷을 사는 데 많은 돈을 쓴다고 걱정합니다. 물론 형편에 맞지 않는 고가의 옷은 문제가 되겠지만, 자기를 끊임없이 꾸밀 줄 알고 스스로를 여성으로서 귀하게 생각하는 모습은 소중한 것입니다.

잠언 속의 여인은 새벽부터 일하고, 때로는 밭을 갈기도 하지만 동시에 자기 자신의 아름다움을 지키기 위해 애쓰고 있습니다. 성경은 이런 모습을 귀하게 여깁니다. 다른 사람보다 자기 자신을 먼저 위할 줄 알아야 합니다. 그런 마음이 남편과 자녀에게 확대되는 것입니다. 자기를 꾸밀 줄 알고 존중할 줄 알아야 남도 귀히 여길 수 있고, 남도 나를 귀히 여기는 법입니다. 자기를 존중하는 사람이 남에게도 존중받기 때문입니다.

6. 남편을 세울 줄 안다

그의 남편은 그 땅의 장로들과 함께 성문에 앉으며 사람들의 인정을 받으며 잠언 31:23

남자는 자기를 가꾸는 능력이 부족합니다. 그래서 아내를 통해 자기 삶을 가꾸게 되는데, 무엇보다 남자의 자긍심과 당당함은 아내의 영향을 많이 받습니다. 실제로 어떤 여자를 아내로 맞이하느냐에 따라 남자들의 모습이 달라지는 것을 종종 볼 수 있습니다. 아내에게 존중받고 존경받는 남자는 어디에서도 자신감이 넘치고 당당합니다. 그리고 이런 모습은 사람들에게 인정을 받는 중요한 요소가 됩니다.

그래서 지혜로운 아내는 남편이 명예로운 사람들과 함께 앉으며 남들에게 인정을 받도록 옆에서 격려하고 세워줍니다. 그것은 남편을 사람들의 시선에서 해방시키는 것입니다. 사람들의 시선에서 해방되어야 사람들에게 인정을 받을 수 있습니다. 우리는 많은 순간 타인의 시선에 너무 많은 에너지를 쏟느라 오히려 하나님께 인정받는 기회를 잃어버립니다. 진정한 하나님의 사람들은 하나님께 인정받기를 사모하고 사람들의 시선에서 자유로워져야 합니다. 이렇게 할 수 있도록 도와주는 것이 바로 아내입니다.

7. 지혜와 사랑의 말을 한다

입을 열어 지혜를 베풀며 그의 혀로 인애의 법을 말하며 잠언 31:26

이런 여인이 말할 때 사람들은 힘을 얻습니다. 다시 일어설 수 있는 용기를 얻고, 따스한 사랑을 느낍니다. 그의 입은 세상의 법이 아니라 인애의 법을 담고 있어 지친 사람들의 마음에 소망을 심어줍니다. 아내에게서 응원의 말을 들은 남편은 절망에서 빛을 발견하고, 불가능에서 가능을 찾게 됩니다. 어머니에게서 격려의 말을 들은 자녀는 건강한 자아를 갖게 되고, 주변 사람들에게 사랑을 전하는 따뜻한 인간으로 성장합니다. 아내의 말은 그만큼 큰 영향력을 갖고 있습니다.

8. 칭찬을 받는다

> 그의 자식들은 일어나 감사하며 그의 남편은 칭찬하기를 덕행 있는 여자가 많으나 그대는 모든 여자보다 뛰어나다 하느니라
>
> 잠언 31:28-29

모든 아내의 소원이 자녀들로부터 "감사해요"라는 인사를 듣는 것 그리고 남편으로부터 "당신, 참 훌륭해요"라는 말을 듣는 일일 것입니다. 가장 가까운 사람이 인정해주는 것만큼 기쁘고 감사한 일이 또 어디 있을까요. 그런데 이 여인은 그 소원을 이루었습니다.

그뿐만이 아닙니다.

> 그 손의 열매가 그에게로 돌아갈 것이요 그 행한 일로 말미암아
> 성문에서 칭찬을 받으리라 잠언 31:31

가족의 칭찬을 넘어서 주위 사람들에게까지 칭찬을 받습니다. 그가 행한 일이 칭찬받기에 마땅하기 때문입니다. 그러나 결정적인 축복은 하나님을 경외하는 여인임을 인정받았다는 것입니다.

> 고운 것도 거짓되고 아름다운 것도 헛되나 오직 여호와를 경외하
> 는 여자는 칭찬을 받을 것이라 잠언 31:30

고운 것과 아름다운 것은 잠깐입니다. 세월이 지나면 고운 것도 사라지고, 아름다운 것도 사라지게 마련입니다. 영원한 아름다움은 오직 하나, 하나님을 경외하는 마음입니다. 여인이 칭찬을 받은 것은 그 속에 하나님을 사랑하고 경외하는 마음이 있었기 때문입니다. 그래서 여인은 온 천하에 귀히 여김을 받고 '모든 여자보다 뛰어나다(잠언 31:29)'는 영광스러운 칭찬을 받을 수 있었던 것입니다.
하나님의 질서 안에서 가정의 주도권은 남편에게 있습니다. 그러

나 남편이 자기 역할을 잘 감당하도록 격려하며 세워주는 것은 아내의 몫입니다. 예수 믿는 하나님의 사람들, 특별히 여성은 이것을 마음속에 새겨야 합니다.

부부는 서로의 작품이다

아내는 남편의 작품입니다. 아내에게 문제가 있다면 그것은 남편의 조각 솜씨에 문제가 있는 것입니다. 마찬가지로 남편은 아내의 작품입니다. 남편에게 문제가 있다면, 아내의 손길에 문제가 있다는 이야기입니다. 우리 모두는 하나님의 작품이지만, 성장해서 가정을 이루면 아내는 남편의 작품이 되고, 남편은 아내의 작품이 됩니다. 내 곁에 있는 배우자를 하나님 앞에서, 사람들 앞에서 멋진 작품으로 만들어가는 것이 부부가 해야 할 일입니다. 그리고 그 일을 하는 데 가장 중요한 것은 사랑입니다.

서로 사랑해야 할 부부가 다투게 되면 그 자리에 하나님의 공의와 법도가 있을 수 없고, 하나님이 품으시는 사랑이 있을 수 없습니다. 그러므로 남편의 마음과 자존심을 끌어내리는 아내가 있다면 그것은 가정의 슬픔입니다. 또 아내를 윽박지르고 아내의 인격을 존중하지 않는 남편이 있다면 그것은 가정의 아픔입니다.

> 네 힘을 여자들에게 쓰지 말며 왕들을 멸망시키는 일을 행하지 말지어다 잠언 31:3

남편은 이 말씀을 항상 기억해야 합니다. 남자에게 힘을 주신 것은 약한 자를 누르거나 악한 일을 도모하기 위함이 아닙니다. 특히 그 힘을 가정에서 자신의 뜻대로 행사하는 남편은 어리석은 자입니다.

> …… 오직 여호와를 경외하는 여자는 칭찬을 받을 것이라 잠언 31:30

아내는 이 말씀을 항상 기억해야 합니다. 여호와를 경외하는 것에서 현숙한 아내 됨이 시작됩니다. 하나님을 사랑하는 마음으로 하루를 살고 내일을 준비하며 가정을 돌봐야 합니다.

가정은 하나님이 주신 선물입니다. 이 세상의 모든 남편과 아내가 하나님이 선물로 주신 가정 안에서, 세상에서 허락된 가장 큰 친밀감과 위로 그리고 평화를 누릴 수 있기를 바랍니다.

| 나에게 던지는 질문 |

1. 나는 스스로 어떠한 남편 혹은 아내라고 생각합니까?(미혼의 경우, 나는 어떠한 남편 혹은 아내가 되고 싶습니까?)

---

2. 배우자와의 관계에서 가장 어려움을 겪는 부분은 무엇이며, 그 이유는 무엇이라고 생각합니까?

---

3. 지혜자의 가르침 중에서 나에게 꼭 필요한 이야기가 있습니까?

---

4. 결혼 서약을 기억하며 다시 한 번 내 가정을 세우기 위한 기도문을 작성해보기 바랍니다(미혼의 경우, 앞으로 만나게 될 배우자와 가정을 위해 기도문을 작성해보기 바랍니다).

Lesson 05 가정

하나님은 남자와 여자를 다르게 창조하셨습니다. 그래서 서로를 이해하려는 노력을 하지 않으면, 오해와 다툼 없이 살아가기 어려운 관계가 부부입니다. 지혜자는 남편들에게는 각별히 주의해야 할 것을, 아내들에게는 하나님께서 말씀하시는 현숙한 아내의 조건을 이야기하면서 각각 다른 지침을 줍니다.

1 정욕보다 더 큰 지혜를 사모하라

남자에게는 여자와 달리 끓어오르는 정욕이 있습니다. 열정을 육체적 쾌락을 위해 사용할 것이 아니라 하나님을 알아가고, 가정을 지키고, 하나님이 주신 사명을 이루는 데 써야 합니다. 남편은 자기 아내를 즐거워하고 하나님 안에서 화목해야 합니다. 남편이 먼저 가정의 소중함을 알고 아내를 인격적으로 존중하며 사랑해야 가정이 살아납니다.

2 하나님을 경외하는 여인이 칭찬을 받는다

남편이 아내를 신뢰하고 아내가 남편을 신뢰하는 것보다 중요한 것은 없습니다. 지혜로운 아내는 맡은 일에 철저하고, 다른 사람을 배려하며, 자신을 귀히 여길 줄 압니다. 또한 남편을 격려하고 세워주어 다른 사람들에게 인정을 받게 합니다. 하지만 그중에서도 가장 큰 아름다움은 하나님을 경외하는 마음입니다. 이런 여인은 하나님께 칭찬을 받습니다.

3 부부는 서로의 작품이다

우리 모두는 하나님의 작품이지만, 가정을 이루면 아내는 남편의 작품이고 남편은 아내의 작품입니다. 상대에게 문제가 있다면 서로의 손길에 문제가 있다는 이야기입니다. 그래서 배우자를 하나님 앞에서, 사람들 앞에서 멋진 작품으로 만들어가는 것이 부부가 해야 할 일입니다. 그리고 무엇보다 사랑으로 이 모든 것을 이뤄가야 합니다.

Lesson 06

게으름은
인생의 낭비이다

> 게으른 자는 마음으로 원하여도 얻지 못하나
> **부지런한 자의 마음은 풍족함을 얻느니라** 잠언 13:4

지금 이대로가 좋은가?

파울로 코엘료의 《연금술사》는 꿈을 찾아 떠나는 한 소년의 여정을 그린 책입니다. 양을 치던 주인공 산티아고는 피라미드를 보기 위해 이집트로 건너갔다가 크리스털 상점의 점원으로 일하게 됩니다. 그는 성실히 일해서 주인에게 인정도 받고, 돈도 벌게 됩니다. 그러던 어느 날 산티아고가 주인에게 한 가지 제안을 합니다.

"크리스털 잔에 차를 담아 팔면 아주 많은 사람들이 사갈 거예요."

상점 주인은 그의 제안을 긍정적으로 여기면서도 새로운 시도를 두려워합니다.

"자네 말대로 크리스털 잔에 차를 담아 팔면 가게는 아마 더 잘

될 거야. 하지만 그렇게 되면 지금까지 살아온 내 삶의 방식을 바꿔야 하네."

산티아고는 머뭇거리는 주인에게 그것은 좋은 일이 아니냐고 묻습니다. 이에 주인은 "난 지금 내 삶에 굉장히 익숙해져 있다네. 자네가 오기 전에 나는 그저 같은 장소에서 세월만 보내고 있다고 생각했다네. 그리고 그것 때문에 항상 우울했지" 하며 마지막으로 한마디 덧붙입니다. "하지만 난 지금의 상황이 만족스러워."

많은 사람들이 익숙함에 젖어 새로운 시도를 하려고 하지 않습니다. 무언가 변화를 주고 새롭게 도전하면, 지금보다 더 좋아질 수 있는데도 익숙한 것에서 움직이지 않으려 합니다. 현재가 굉장히 만족스러워서 그런 것이 아닙니다. 더 이상 바뀔 필요가 없을 만큼 행복해서도 아닙니다. 어쩌면 그 반대일지도 모릅니다. 산티아고의 제안을 거절한 주인처럼 오히려 우울함과 공허함에 답답함을 느끼고 있을 수도 있습니다. 그럼에도 이미 익숙해진 상황에서 벗어나기를 원치 않는 것입니다.

이렇게 익숙한 것에 대충 만족하고 변화를 추구하지 않으려는 마음은 '게으름'입니다. 게으름은 벗어나고 싶은 무언가가 있으면서도 바꾸지 않으려고 고집하는 마음 상태라고 할 수 있습니다. 게으름을 피우기 시작하면 현실에 불편과 불만이 있으면서도 변화를 꾀하지 않습니다. 지금까지 살아온 삶의 모습을 바꿔보려는 시도 자체를 회피하는 것입니다.

게으른 사람의 특징

이렇듯 게으름은 단순히 육체적인 문제라고 보기 어렵습니다. 얼마만큼 몸을 움직이느냐 하는 문제가 아닙니다. 부지런함과 게으름은 정신적이고 영적인 주제입니다. 마음의 상태로 몸이 반응하는 것이기 때문입니다. 마음은 부지런한데 몸부터 게을러지는 사람이 있습니까? 그런 사람은 없습니다. 마음이 게을러지기 시작하면 몸이 따라서 게을러지는 것입니다.

당신은 게으른 사람입니까, 부지런한 사람입니까? 게으른 사람의 특징을 묘사한 지혜자의 말들에 비추어 당신의 게으름 정도를 확인해보기 바랍니다.

1. 인생의 모형이 없다

게으른 자의 특징은 닮고 싶은 사람이 없다는 것입니다. 게을러지면 누구를 본받고 싶다는 생각이 없어집니다. '저 사람, 참 괜찮다. 나도 한 번 저렇게 해봐야지' 하는 의욕과 기대가 없습니다. 그래서 지혜자는 게으른 자에게 충고합니다. 사람은 둘째치고 개미한테라도 가서 배우라고 말입니다.

> 게으른 자여 개미에게 가서 그가 하는 것을 보고 지혜를 얻으라 개미는 두령도 없고 감독자도 없고 통치자도 없으되 먹을 것을 여름 동안에 예비하며 추수 때에 양식을 모으느니라 잠언 6:6-8

개미가 얼마나 수고하며 열심히 사는지 보라는 것입니다. 누가 시키지 않아도 부지런히 미래를 준비하는 개미에게 배우라는 것입니다.

우리에게는 인생의 마지막 순간까지 멘토가 필요합니다. 만약 본받고 싶은 사람이 점점 줄어들고 있다면, 그것은 주변에 존경할 만한 사람이 없음을 의미하는 게 아닐지도 모릅니다. 어쩌면 내가 게을러지고 있다는 이야기일 수도 있습니다. 닮고 싶은 사람은 내 안에 변화와 개선의 의지가 있을 때 발견되기 때문입니다.

2. 잠을 즐긴다

성경에는 두 종류의 잠이 나옵니다. 하나는 하나님께서 주시는 축복이고, 다른 하나는 저주입니다. 숙면을 취한다는 것은 일차적으로 하나님께서 주시는 복입니다.

> …… 여호와께서 그의 사랑하시는 자에게는 잠을 주시는도다
>
> 시편 127:2

시편 기자는 잠을 '하나님이 주셨다'고 표현합니다. 육체의 쉼과 마음의 평안은 하나님이 우리에게 주시는 은혜입니다. 그래서 잠자리에 들기 전, 잠을 푹 잘 수 있게 해달라고 기도하는 것은 좋은 자세입니다. '뭐 그런 것까지 기도하나'라고 생각할 수도 있겠지만, 그건 불면증으로 고생을 안 해봐서 하는 이야기입니다. 깜깜한 밤을 뜬눈으로 보내는 것은 고통 중에 고통입니다. 자야 할 시간에 깊은 잠을 자는 것, 이는 건강한 삶의 비결입니다.

그런데 게으른 잠이 있습니다. 하루를 열심히 일하고, 새로운 내일을 위해 몸과 마음에 휴식을 주는 생산적인 잠이 아니라 단순히 시간을 소비하는 잠입니다. 이것은 게으른 사람에게서 나타나는 확

실한 특징이기도 합니다.

> 게으른 자여 네가 어느 때까지 누워 있겠느냐 네가 어느 때에 잠이 깨어 일어나겠느냐 좀 더 자자, 좀 더 졸자, 손을 모으고 좀 더 누워 있자 하면 네 빈궁이 강도같이 오며 네 곤핍이 군사같이 이르리라 잠언 6:9-11

> 게으름이 사람으로 깊이 잠들게 하나니 태만한 사람은 주릴 것이니라 잠언 19:15

> 너는 잠자기를 좋아하지 말라 네가 빈궁하게 될까 두려우니라 네 눈을 뜨라 그리하면 양식이 족하리라 잠언 20:13

아침 일찍 일어나야 할 때, 누구나 좀 더 자고 싶다는 생각을 해보았을 것입니다. 그럴 때 우리는 보통 '좀 더 자자, 좀 더 누워 있자'고 마음먹습니다. 너무 피곤하면 그럴 수 있습니다. 그런데 이것이 한두 번 반복되고, 아예 습관이 되어버리면 문제가 생깁니다. 지혜자는 이런 습관을 가진 자들의 인생에 빈궁이 찾아온다고 경고합니다. 그것도 어느 날 갑자기 찾아오는 강도처럼, 혼자서는 당해낼 수 없는 군사처럼 찾아온다고 이야기합니다.

게으르다는 것은 개인의 성향 문제가 아닙니다. 이것은 분명 옳지 않은 일이며 반드시 고쳐야 하는 마음 상태입니다. 예수님 역시 아무것도 하지 않는 종을 '악하고 게으른 종'(마태복음 25:26)이라고 비판하셨습니다. 게으름은 하나님 앞에서 악한 것임을 기억해야 합니다.

3. 꿈과 비전이 없다

게으른 사람은 꿈이 없는 경우가 많습니다. 꿈이 있다면 게으를 틈이 없습니다. 꿈을 이루기 위해 부지런해질 수밖에 없기 때문입니다. 누구라도 자기가 좋아하는 일에는 적극적으로 행동하게 되며, 관심 분야가 생기면 땀을 흘리고 수고하면서라도 그것에 가까이 다가가려 합니다. 그런데 근본적으로 마음이 게을러지면 꿈과 비전이 사라집니다.

> 게으른 자는 마음으로 원하여도 얻지 못하나 부지런한 자의 마음은 풍족함을 얻느니라 잠언 13:4

마음으로는 원해도 얻지 못하는 상태가 되는 것입니다. 원하는 것을 얻기 위해 노력하는 것이 귀찮기 때문입니다. 이런 사람들은 '나에게는 이런 꿈이 있어. 나는 이것을 이루고 싶어' 하고 생각만 합니다. 하지만 행동으로 옮기지 않는 것은 진정한 꿈이 아닙니다.

게으름은 우리로 하여금 삶을 쳇바퀴 돌듯 반복하도록 조종합니다. 창조적이고 생산적인 활동에 관심을 갖지 않도록 유혹합니다. 새로운 것에 마음을 쏟기보다 매일의 익숙한 삶에 자신을 맡기라고 속삭입니다.

> 문짝이 돌쩌귀를 따라서 도는 것같이 게으른 자는 침상에서 도느니라 잠언 26:14

침대에 몸을 딱 붙인 채 뒹구는 것을 한 번 상상해보십시오. 하루 종일 그저 익숙한 자리에 머물러 있는 것입니다. 꿈과 비전이 없기 때문입니다. 새로운 것에 도전해보고 모험을 즐기려는 마음이 없어서 그렇습니다.

4. 책임을 전가한다

게으른 사람의 또 다른 특징은 핑계를 대는 것입니다. 지혜자는 게으른 자가 얼마나 말도 안 되는 핑계를 댈 수 있는지 보여줍니다.

> 게으른 자는 길에 사자가 있다 거리에 사자가 있다 하느니라
>
> 잠언 26:13

밖으로 나서지 않는 이유가 '길거리에 사자가 돌아다녀서 위험하기 때문'이라는 것입니다. 그러니 집에 머무르는 게 가장 안전하다고 외칩니다. 게으른 것이 결국 자기 때문은 아니라는 말을 하고 싶은 것입니다. 이들은 문제가 생기면 '나에게 무슨 잘못이 있지는 않았는가?' 하고 스스로를 돌아보지 않습니다. 무조건 남을 탓하고 환경에 원인을 돌립니다. 몸과 마음은 게으른데 혀는 도무지 게으르지 않아 핑계를 찾기에 바쁘고, 남에게 책임을 묻기 위해 쉬지 않고 이야기합니다.

핑계와 책임 전가는 게으름과 함께 움직입니다. 내 마음속에 어느 순간 핑계 대는 마음이 올라오고 있다면, 다른 사람에게 책임을 돌리고 싶어진다면, 자기 자신을 찬찬히 되돌아보는 시간을 가져야 합니다.

5. 대가를 치르지 않으려 한다

목표도 있고 꿈도 있는데, 그것을 이루기 위한 대가는 치르고 싶지 않다는 사람이 더러 있습니다. 수고나 노력 없이 무언가를 얻고 싶은 마음, 이것이 바로 게으름입니다.

> 게으른 자는 가을에 밭 갈지 아니하나니 그러므로 거둘 때에는 구걸할지라도 얻지 못하리라 잠언 20:4

어떤 약속과 예배가 비슷한 시간에 있을 때 예배 시간을 지키려 한다면, 다른 걸 조금 덜 누리는 것을 감수해야 합니다. 아무리 바빠도 평일 오전에 말씀을 읽기로 작정했다면, 그 시간을 위해 다른 시간을 조금 더 부지런히 살아야 합니다. 공부하는 사람은 책상에 앉아 있는 노력이 필요하고, 때로는 친구와의 만남을 미루거나 즐기고 싶은 것을 참아야 합니다. 그런데 게으른 사람은 어떠한 대가도 치르지 않으려 합니다.

> 게으른 자의 욕망이 자기를 죽이나니 이는 자기의 손으로 일하기를 싫어함이니라 잠언 21:25

더 큰 문제는 스스로 아무것도 하지 않으면서 얻지 못하면 괴로워한다는 것입니다. 일하지 않고 무언가를 얻으려는 것 자체가 잘못된 일임을 그들은 깨닫지 못합니다. 그렇기 때문에 얻기 위해 움직이는 것은 싫고 얻지 못해 괴로워하는 고통의 악순환이 계속됩니다. 대가를 치르지 않고 욕망과 꿈을 이루겠다는 마음. 이는 도둑 심보입니다.

6. 끝을 맺지 못한다

시작은 하는데 끝까지 못 가는 사람이 있습니다. 끝까지 가기 위해 들여야 하는 정성과 노력 그리고 인내의 시간이 싫기 때문입니다.

> 게으른 자는 그 손을 그릇에 넣고도 입으로 올리기를 괴로워하느니라 잠언 26:15

먹기 위해 손을 그릇에 넣기는 하는데, 들어 올리는 것이 힘들어 괴로워한다는 말입니다. 그 표현이 참 실감나지 않습니까? 먹고는 싶지만, 손을 올려 입으로 가져가는 과정과 노력은 피하고 싶은 것입니다. 이런 사람들은 무언가를 시작은 하지만 조금만 까다로워도 돌아서고, 조금만 귀찮아도 쉽게 체념하고, 약간의 참을성이 필요해도 쉽게 포기합니다. 그래서 결국 다시 원점에 서 있게 되는 것입니다. 원점으로 돌아가는 것을 원하는 사람은 없습니다. 하지만 땀과 수고가 들어가는 것을 참지 못하니 그냥 머무를 수밖에 없는 것입니다.

게으른 사람은 두려움, 의심, 실망, 분노의 감정을 끊임없이 자기 자신에게 주입한다고 합니다. '아, 나는 할 수 없어.' 그러고는 장애물 앞에서 스스로 주저앉아버립니다. 조금 더 인내하지 못하고, 나의 어떤 부분들을 극복하지 못합니다. 그러면 이때부터 포기가 시작되는 것입니다.

저는 글을 쓸 때 결론 부분을 쓰기가 가장 어렵습니다. 설교 준비를 할 때도 마찬가지입니다. 항상 마무리가 어렵습니다. 가끔 마음속에 '그냥 대충 하고 말자'는 생각이 들 때가 있습니다. 그때를 잘 넘겨야 합니다. 그 마지막 순간을 넘기면 시작한 일의 끝을 맺을 수 있습니다. 그렇게 위기를 이겨내고 끝까지 해냈을 때 보람은 더욱 커지기 마련입니다.

겸손하게 게으름에서 나오라

지금까지 지혜자가 말하는 게으른 사람의 특징을 살펴보았습니다. 당신의 게으름 지수는 어떠합니까? 생각했던 것보다 높게 나왔습니까? 사람들 대부분 어느 정도 게으르지 않느냐고 반문하고 싶습니까? 현재 게으름의 지수가 어떠하든 괜찮습니다. 지금의 모습이 영원히 지속되는 것은 아니기 때문입니다. 당신의 어떤 부분이 게으르다면 겸허히 받아들이고, 그 부분을 겸손한 마음으로 새롭게 고쳐나가면 됩니다. 게으르지만 배움에 열려 있고 새로워지려는 마음이 있다면 게으름에서 벗어날 수 있습니다. 문제는 게으르면서 교만한 사람입니다.

> 게으른 자는 사리에 맞게 대답하는 사람 일곱보다 자기를 지혜롭게 여기느니라 잠언 26:16

게으른 사람은 게으르면서도 자기를 지혜롭다고 여깁니다. 그래서 자신에게 문제가 있다는 생각을 전혀 하지 않습니다. 곁에 지혜로운 자 일곱이 있어도 스스로가 더 지혜롭다고 여기니 큰일입니다. 이렇듯 게으름 자체보다 더 위험한 것은 자신이 그러하다는 사실을 알지 못하는 것입니다. 그들에게 개선의 의지를 불어넣기란 매우 어려운 일이기 때문입니다. 무엇보다 자신의 게으름을 인정하는 것이 중요합니다. 자신의 게으름으로부터 탈출하려면 어떻게 해야 할까요? 앞에서 말한 게으른 자의 특징을 뒤집어 생각하면 답이 나옵니다.

1. 인생의 목표를 세워라

토마스 호헨제는 《게으름뱅이여 당당하라》라는 책에서 게으름뱅이도 분명한 목표를 설정하면 변할 수 있다고 주장합니다. 그들이 게으른 이유는 목표가 없기 때문이라고 말합니다. 생동감 있는 삶을 위한 동기가 없기 때문에 게을러진다는 것입니다.

게으름에서 탈출하기 위해서는 무엇보다 도전과 자극을 받을 수 있는 인생의 목표가 필요합니다. 우리에게는 돈보다 더 큰 것, 권력보다 더 큰 것, 명예보다 더 큰 무엇이 있어야 합니다. 돈이나 권력, 그리고 명예 같은 것들은 언제라도 사라질 수 있고, 흔들릴 수 있는 것들이기 때문입니다. 이런 것들은 일시적으로 사람을 부지런하게 그리고 열정적으로 살도록 할 수 있습니다. 하지만 그것들을 향해 달려가는 사람은 어느 순간 채워지지 않는 공허함에 우울해지고, 낙심하게 되어 다시금 게으름에 빠져들 수 있습니다. 흔들리지 않는 분명한 목적이 있어야 부지런한 삶을 유지할 수 있게 됩니다.

2. 선의의 경쟁자, 멘토를 만들라

이때 바른 조언을 해줄 멘토가 있다면 도움이 됩니다. 당신에게는 멘토가 있습니까? 아직 없다면 한번 찾아보십시오. 반드시 지금 살아 있는 사람일 필요는 없습니다. 오바마 대통령이 링컨을 정치적 멘토로 삼는 것처럼 역사 속 인물이어도 괜찮습니다.

선의의 경쟁자를 갖는 것도 우리의 삶에 활력을 줍니다. '저 사람의 저런 점을 배우고 싶다! 저 사람의 태도는 참 본받을 만해!' 이런 마음이 게으름을 물리치는 시작이 될 수 있습니다. 다른 사람에게서 배울 점을 찾고, 그것을 긍정적으로 내 삶에 적용하는 것은 인간을 성숙하게 만듭니다. 이렇게 선의의 경쟁자나 멘토를 갖게 됨으로써 우리의 삶은 역동적으로 변할 수 있습니다. 게으름에서 빠져나올 수 있는 계기가 됩니다.

3. 쉬운 것부터 시작하라

그런데 게으름에서 탈피하겠다고 어려운 것부터 시작하면 실패하기 쉽습니다. 기준을 높게 잡고 시작하면 '역시 난 안 돼. 바꾸려고 해봤지만 안 되잖아' 하고 낙심하며 포기하게 됩니다. 가능한 한 아주 쉬운 것부터 시작해야 합니다.

신학교에서 학생들을 가르칠 때, 출석을 부른 후에 강의를 시작하곤 했습니다. 그런데 꼭 출석 체크가 끝날 때쯤 들어오는 학생이 있었습니다. 그러고는 "저 왔어요" 하면서 손을 번쩍 드는 것입니다. 많이 늦는 것도 아닙니다. 항상 2~3분 정도 늦습니다. 어쩌면 그렇게 하루도 빠짐없이 2~3분씩 정확하게 늦는지 참 신기했습니다. 지각이 이미 습관화된 것입니다. 이런 학생은 30분 정도 일찍 오는 것을 목표로 삼지 말아야 합니다. 5분 먼저, 5분 미리 준비하는 것부터 시작해야 합니다. 그렇게 해야 익숙해진 게으름에서 벗어날 수 있습니다.

가장 쉽고 일상적인 것부터 시작하십시오. 작은 것부터 실천해 변화를 경험하게 되면, 조금 힘든 일 앞에서도 '할 수 있다'는 자신감이 생깁니다. 너무 어려운 것부터 시작하려고 마음먹었다가 시작과 동시에 와르르 무너지면 아무 소용이 없습니다. 쉬운 일부터 시작하는 것은 용기가 없는 것이 아닙니다. 오히려 삶을 한 걸음씩 변화시키는 지혜로운 능력입니다.

김남준 목사는 《게으름》이라는 책에서 이렇게 말합니다.
"일에 실패하는 사람은 용서할 수 있다. 그러나 출퇴근에 실패하는 사람은 용서할 수 없다."
기본적인 태도에 문제가 있는 사람에 대한 질책입니다. 만약 당신이 인사 담당자라면 어떤 사람을 쓰겠습니까? 매번 지각하고 일찍 퇴근하는 사람을 쓰겠습니까, 미리 와서 준비하고 자기 일에 열심인 사람을 쓰겠습니까? 내가 만약 지도자라면 아랫사람이 성실하고 부지런하기를 원할 것입니다. 그렇다면 지도자의 모습은 어떠해야 하겠습니까? 성경은 주도권을 가진 자는 부지런해야 한다고 이야기합니다.

> 혹 위로하는 자면 위로하는 일로, 구제하는 자는 성실함으로, 다스리는 자는 부지런함으로, 긍휼을 베푸는 자는 즐거움으로 할 것이니라 로마서 12:8

'다스리는 자는 부지런함으로' 해야 한다는 것입니다. 통찰력, 분별력, 결단력 등 지도자의 덕목에는 여러 가지가 있을 것입니다. 그러나 다른 사람으로부터 존경받는 리더십을 가지려면 무엇보다 부지런해야 합니다. 부지런하지 않은 지도자는 좋은 지도자가 될 수 없습니다. 세계적으로 큰 기업을 이끄는 CEO들은 대부분 새벽부터 일합니다. 이른 아침부터 그날의 일과를 확인하고 재정비해 새 날을 준비하는 것입니다.

> 부지런한 자의 손은 사람을 다스리게 되어도 게으른 자는 부림을 받느니라 잠언 12:24

부지런한 자는 사람을 다스리는 위치에 서게 됩니다. 그들에게는 자신의 삶뿐만 아니라 다른 사람을 이끄는 열정이 있고, 미래에 대한 기대가 있습니다. 반면 게으른 자는 어떠합니까? 남에게 부림을 받습니다. 주도적인 의식도, 뚜렷한 목표도, 삶에 대한 기대도 없이 시간을 낭비하는 자들이기 때문에 누군가의 지시가 필요한 것입니다.

《성공하는 사람들의 7가지 습관》을 쓴 스티브 코비는 성공하려면 먼저 "주도적이 되라"고 이야기합니다. 게으름의 치명적 해악은 우리로 하여금 우리의 삶을 주도적으로 살지 못하게 하는 것입니다.

자기의 시간과 인생을 자기가 관할하는 게 아니라 게으름이라는 괴물에게 맡겨버리는 것입니다. 새로움에 대한 기대나 변화를 꾀하는 시도조차 없이 쳇바퀴 돌아가듯 살아간다면 그 삶은 지루하고 따분할 뿐입니다. 그렇게 아무 새로울 것 없는 무의미한 시간들로 남은 인생을 채우겠습니까?

시간의 우선순위를 정하라

우리 모두에게는 매일 24시간이 공평하게 제공됩니다. 그런데 이 시간을 어떻게 사용하느냐에 따라 삶이 달라집니다. 이는 매순간 '내가 지금 게으름을 피우고 있는 것은 아닌가?' 하고 긴장하며 살라는 것이 아니라 시간을 적절하게 사용하라는 이야기입니다. 그러기 위해서는 시간의 우선순위를 정해야 합니다.

먼저 시간의 주인이신 하나님께 삶의 의미와 뜻을 물어야 합니다. 그 안에서 시간을 의미 있게 나눌 수 있어야 합니다. 아무리 분주하게 살아간다 해도 우선순위가 잘못되면 또 다른 형태의 게으름이 삶에 침범할 수 있기 때문입니다.

어떤 때에는 육체적으로는 매우 바쁜데 영적으로나 정신적으로는 나태한 경우도 있습니다. 앞서 이야기했듯 게으름이 반드시 활

동량의 문제는 아니기 때문입니다. 바쁘게 살고는 있는데 왜 바쁜지 묻지 않고, 바쁘다는 이유로 더 귀하고 소중한 것들을 지나치면 위기를 겪게 됩니다. 특히 믿음의 사람들이 이러한 영적 게으름 때문에 어려움을 만나게 됩니다. 바쁜 생활에 매몰되어 말씀을 읽지 않고 기도하는 습관을 잃어버립니다. 바쁘다는 이유로 신앙의 첫째 요소인 예배드리는 일을 소홀히 하게 됩니다.

이런 사람들은 "너무 바쁘기 때문에 기도할 시간이 없고, 말씀 읽을 시간이 없다"고 이야기합니다. 그런데 이렇게 살아가면 어느 순간 방향을 잃고 헤매는 자신을 발견하게 됩니다. 답답하고 불안해집니다. 염려와 근심이 생깁니다. 열심히 살고 있는데 왜 그런 것일까요? 시간의 우선순위를 잘못 정해 가장 중요한 기도와 말씀, 예배를 빠뜨렸기 때문입니다.

종교 개혁자 마르틴 루터는 로마 교황청과 투쟁하며 성경을 번역할 때, 앞뒤로 조여오는 적대자들 사이에서 정신이 없는 가운데도 이렇게 말했습니다.

"나는 너무나 바빠서 하루에 세 시간 이상 기도하지 않을 수 없었다."

빌 하이벨스 목사는 《너무 바빠서 기도합니다》라는 책에서 바쁘기 때문에 기도부터 할 수밖에 없다고 고백합니다. 신앙의 사람은 바쁠 때일수록 기도해야 합니다. 바쁘기 때문에 기도부터 해야 합니다. 할 일이 많기 때문에 예배드리는 일부터 시작해야 합니다. 그래야 바쁜 삶 가운데 인생의 우선순위를 놓치지 않고 살아갈 수 있으며 게으름의 유혹에서 벗어날 수 있습니다.

'게으를 틈이 어디 있어. 이렇게 바쁜데.' 혹시 이렇게 생각하고 있습니까? 바쁘게 살아가고 있다고 생각하는 순간, 자신을 되돌아보십시오. 오히려 깊은 게으름에 빠져 있는 자신을 발견하게 될지도 모릅니다. 너무 바쁘기 때문에 정작 가장 소중한 것은 내버려두고, 소중하지 않은 것에 우리 인생을 낭비하고 있는지도 모릅니다. 인생의 시간을 낭비하는 것이 바로 게으름입니다.

예배하는 마음, 기도하는 마음, 말씀을 사모하는 마음, 그것이 내 인생의 그 어떤 일보다 우선되어야 삶에서 불필요한 것들을 제거할 수 있습니다. 그리고 그랬을 때, 지금 하는 일이 무엇이며 그것이 왜 중요한지 삶의 목표와 의미가 뚜렷해집니다. 가치 있는 것으로 당신의 시간에 우선순위를 매기십시오. 그리고 열심히 살아가십시오.

| 나에게 던지는 질문 |

1. 나의 게으름 지수는 어떠합니까? 게으른 사람의 특징 중 나에게 해당하는 것이 있습니까?

   ---

2. 내가 나태한 가장 큰 원인은 무엇이라고 생각합니까?

   ---

3. 지혜자의 조언을 참고해 내 인생의 우선순위를 새롭게 세워보십시오.

Lesson 06 게으름

익숙한 것에 대충 만족하고 변화를 추구하지 않으려는 마음은 '게으름'입니다. 게으름을 피우기 시작하면 현실에 불만이 있으면서도 변화를 꾀하지 않습니다. 지금까지 살아온 삶의 모습을 바꿔보려는 시도 자체를 회피하는 것입니다. 당신의 게으름 지수는 어떠합니까?

1 게으른 사람의 특징
게을러지면 누구를 본받고 싶다는 생각이 없고 꿈이 사라집니다. 예수님은 아무것도 하지 않는 종을 '악하고 게으른 종'이라고 비판하셨습니다. 게으름은 하나님 앞에서 악한 것입니다. 다른 사람에게 책임을 돌리고 싶은 마음이 든다면, 자신을 돌아보는 시간을 가져야 합니다. 수고나 노력 없이 무언가를 얻고 싶은 마음, 시작은 하는데 끝을 맺지 못하는 것 또한 게으름입니다.

2 게으름에서 탈출하는 법
현재 게으름 지수가 높아도 괜찮습니다. 게으른 부분은 겸손한 마음으로 고쳐나가면 됩니다. 새로워지려는 마음이 있다면 벗어날 수 있습니다. 무엇보다 분명한 목표가 있으면 변할 수 있습니다. 이때 바른 조언을 해줄 멘토가 있다면 도움이 됩니다. 그런데 게으름에서 탈피하겠다고 어려운 것부터 시작하면 실패하기 쉽습니다. 쉽고 일상적인 것부터 시작하십시오. 작은 것부터 실천해 변화를 경험하면, '할 수 있다'는 자신감이 생깁니다.

3 시간의 우선순위 정하기
우리 모두에게는 매일 24시간이 공평하게 제공됩니다. 이 시간을 어떻게 사용하느냐에 따라 삶이 달라집니다. 이는 매순간 '내가 지금 게으름을 피우고 있는 것은 아닌가?' 하며 긴장하라는 뜻이 아니라 시간을 적절하게 사용하라는 이야기입니다. 그러기 위해서는 시간의 우선순위를 정해야 합니다. 먼저 시간의 주인이신 하나님께 삶의 의미를 묻고 그 안에서 시간을 의미 있게 보낼 수 있어야 합니다.

Lesson 07

교만은 내 눈에만
안 보이는 괴물이다

> 교만은 패망의 선봉이요
> 거만한 마음은 넘어짐의 앞잡이니라 잠언 16:18

교만 바이러스

미국의 심리학자 스티븐 버글래스는 성공한 사람들이 빠지기 쉬운 함정에 대해 이야기합니다. 그에 따르면, 성공한 사람들은 교만에 빠져들기 쉽고, 사람들과 자주 접촉하기 때문에 상대적으로 혼자 있는 시간을 견디기 어려워한다고 합니다. 그래서 그들은 파괴적인 모험을 즐긴다거나 성적 쾌락을 통해 자신의 불만을 해소하려 하기도 합니다. 버글래스의 지적은 성품의 균열이 성공한 사람들을 몰락으로 이끈다는 것입니다. 성공을 지탱할 만한 기본적인 성품을 지니지 못하면 자신을 파괴적인 성품으로 만들어가기 쉽고, 이러한 성품이 파괴적이고 충동적인 행동으로 이어질 수 있다는 것입니다.

그런데 우리가 여기서 특별히 주목해야 할 것은 성공의 첫 번째 파괴인자인 교만입니다. 교만은 성공의 부산물이지만, 이내 패망의 선봉이 되어버립니다. 파괴적인 모험과 충동적인 행동을 거침없이 감행하는 것 역시 '나라면 그 정도는 할 수 있다'는 교만 때문입니다.

성경에는 교만 때문에 무너진 인물들이 나옵니다. 대표적인 인물로 이스라엘의 초대 왕이었던 사울을 들 수 있습니다. 그가 처음부터 교만했던 것은 아닙니다. 선지자 사무엘이 찾아와 이스라엘의 왕으로 삼겠다고 했을 때, 사울에게는 스스로를 작은 자로 여길 줄 아는 겸손이 있었습니다. 그러나 왕이 되고 난 후, 그는 점점 변해가기 시작했습니다. 바로 '교만 바이러스'에 붙잡힌 것입니다. 그때부터 그의 인생은 서서히 망가지고 무너져내렸습니다.

어느 분야에서든 높은 자리에 오르면 겸손하기가 쉽지 않습니다. 시작할 때의 마음이 겸손했다 해도 그 마음을 계속 유지하기란 어려운 법입니다. 주변의 인정과 칭찬, 일의 성공 등이 교만 바이러스가 침투하기에 매우 좋은 요건을 형성하기 때문입니다. 그렇게 어느 순간 '그래, 내가 뛰어나지. 내가 하는 일은 다 옳아' 하는 마음이 고개를 들기 시작하면, 그가 가진 지위는 파괴적인 힘을 발휘합니다. 다른 사람을 위협하고, 끝없이 스스로를 높이려 합니다. 더욱 무서운 것은 높은 자리에서 내려오기 전에는 이 교만 바이러스가 쉽게 사라지지 않는다는 점입니다.

"교만이란 남에게는 다 보이는데 자기 자신만 보지 못하는 유일한 질병이다!"라는 말이 있습니다. 대부분의 질병은 남들이 알기 전에 본인이 먼저 자각합니다. 그래서 병원을 가고, 질병의 원인을 찾기 위해 검사를 받습니다. 그런데 이 교만이라는 병은 다릅니다. 남들은 다 아는데 정작 자기 자신은 모릅니다. 남들은 모두 '교만한' 사람이라고 생각하는데, 자신은 스스로를 '당당하고 자신감 넘치는' 사람이라고 여깁니다. 이것이 교만의 병적인 요소입니다.

교만과 당당함은 겉으로 보기에는 구별이 잘 안 됩니다. 나를 과시하는 것과 내 자존감을 지키는 것의 차이가 때로 분명하지 않기 때문입니다. 그래서 자존감이 강한 사람은 담대하고 당당하지만 자칫 교만한 사람으로 비칠 수 있습니다. 뿐만 아니라 교만한 사람도 자신의 자존감을 드러낸 것뿐이라고 여길 수 있습니다. 그래서 교만은 남들은 알지만 나는 모를 수 있는 질병이며, 자존감이 강한 사람일수록 스스로 납득하기 어려운 질병이라고 할 수 있습니다.

C. S. 루이스는 교만에 대해 다음과 같이 말했습니다.

"교만이란 언제나 적대감을 뜻한다."

내가 교만한 사람인지 아닌지를 성찰할 때, 이 말은 적절한 기준이 될 것 같습니다. 교만이 있는 곳에는 언제나 타인을 향한 적대감이 있기 때문입니다. 적대감이란 때로 증오와 분노를 일으키기도 합니다. 교만은 기본적으로 자신과 남을 비교함으로써 갖게 되는 우월감이기 때문에 교만한 사람은 타인이 나보다 못하다고 여겨야 만족을 얻습니다. 남이 나보다 낫다고 여기면 열패감에 시달리고, 그 사람을 부정적으로 바라보며 미워하게 됩니다. 이것이 교만과 자존감의 근본적 차이입니다.

자존감은 나도 살아나고 남도 살아나는 것을 기뻐하는 마음입니다. 그러나 내가 살아날 때 남도 살아나는 것이 기분 나쁘고, 내가 아무리 잘나가도 상대방이 잘되면 불쾌해지는 것은 교만입니다. 그래서 교만한 사람이 있는 곳에는 심각한 경쟁이 일어나고 경쟁자를 삐딱하게 보기 때문에 다툼이 생겨나기 십상입니다. 나만 잘되어야 한다는 이기적인 마음과 더불어 모두 함께 잘되는 것에 대한 분노가 있기 때문입니다.

아직도 내가 가진 마음이 교만인지, 자존감인지 확신이 서지 않습니까? 이기적인 자랑과 당당한 자신감의 차이가 여전히 모호하십니까? 그런 분들을 위해 조금 더 자세하게 말씀드리도록 하겠습니다.

교만 VS 자존감

교만은 영어로 'pride'입니다. 성경에서는 교만을 오만 또는 거만과 거의 동일시하며 교만하지 말 것을 거듭 당부합니다. 하지만 자존감은 우리가 하나님의 자녀로서 반드시 갖고 누리며 살아야 하는 삶의 자세입니다.

1. 정체성을 찾는 방식

교만한 사람은 언제나 자신의 정체성을 밖에서 찾으려고 합니다. 외부적인 요건들로 자신을 드러내려고 애씁니다. 예를 들어, 가진 돈이나 세상의 지위, 사람들의 시선 등을 통해 자신을 확인하려고 합니다. 좋은 대학이나 좋은 직장에 다니는 것에서, 돈을 많이 버는 것에서 정체성을 찾는다면 그것은 교만입니다. 지금까지 쌓아온 지식이나 부, 자신의 인간관계를 통해 정체성을 찾으려는 것은 늘 교만과 결부되어 있습니다.

하지만 자존감은 하나님과 연결되어 있습니다. 자존감이 있는 사람은 지금 서 있는 자리와 가지고 있는 것들이 나를 대변하는 것이 아님을 압니다. 지식과 지위, 재물, 인간관계 등 모든 것을 하나님께서 주신 축복으로 인식하는 것입니다. 그리고 오직 하나님 안에서만 자신의 정체성을 확인합니다. 이렇게 하나님 안에서 나를 확인할 때 사람은 겸손해질 수밖에 없습니다.

2. 삶의 지지 기반

하나님을 제외한 세상 피조물로 나를 규정하고, 그것이 나를 지탱한다고 생각하는 것은 교만입니다. 이런 사람들은 삶의 지지 기반을 외부 요건에 두기 때문에 그 조건들이 흔들릴 때 삶 전체가 흔들리는 것을 경험합니다. 예를 들어, 돈이 있을 때는 지나치게 교만하다가 어느 날 파산하게 되면 삶이 완전히 무너지는 것입니다. 권력이 있을 때는 그렇게 자랑스럽게 여기다가 어느 날 그것을 빼앗기기라도 하면 스스로를 매우 초라하게 생각합니다. 이것이 교만의 특징입니다.

그러나 자신의 본질을 하나님과의 관계 속에서 생각하면 상황을 초월한 당당함을 갖출 수 있습니다. 이렇게 삶의 기반을 하나님 안에서 찾는 사람은 변함없는 하나님의 사랑 안에서 안정감을 누립니다. 이것이 자존감입니다. 비록 세상 지위가 높지 않아도, 가진 것이 많지 않아도 자신의 삶에 만족하게 됩니다. 내가 가진 것들이 내 힘으로 이룬 것이 아님을 알기 때문입니다. 그것을 깨달을 때 자신에게 주어진 현실을 겸손하게 받아들입니다. 그래서 세상 권력을 갖게 되어도 교만하지 않고, 연약한 사람들이 살아가는 현장에 기꺼이 참여할 수 있습니다. 이런 사람의 사고 밑바탕에는 '모든 것은 하나님이 주신 선물'이라는 해석학적인 토대가 있습니다.

교만이 우리 삶에 주는 것들

이렇듯 교만과 자존감은 분명히 구분됩니다. 교만한 사람과 자존감을 가진 사람 모두 당당할 수 있지만 그 당당함의 근원이 다르고 삶을 이끌어가는 방향에서 차이가 나타납니다. 내 마음에 무엇이 자리 잡고 있느냐에 따라 내가 어떠한 삶을 살지 결정됩니다.

교만한 사람을 좋아하는 사람은 없습니다. 앞에서는 웃으며 좋은 말을 할지 몰라도 그런 사람을 곁에 두고 싶어 하는 사람은 없을 것입니다. 하지만 성경이 교만에 대해 더욱 엄격하게 이야기하는 것은 교만한 사람 주변에 진정한 친구가 남아 있지 않아서가 아닙니다. 그보다 더 파괴적이고 위험한 결과를 가져오기 때문입니다. 지혜자는 교만한 자들이 겪게 되는 어려움과 그들을 바라보시는 하나님의 시선을 자세히 전하고 있습니다.

1. 불명예가 찾아온다

교만이 오면 욕도 오거니와 겸손한 자에게는 지혜가 있느니라
잠언 11:2

교만한 자는 자신이 제일 잘났다고 여기지만, 그에게 찾아오는 것은 칭찬이 아닌 욕입니다. 그가 이룬 것이 아무리 위대하다 해도 그를 향한 시선은 곱지 않습니다. 교만한 자는 주변을 돌아보지 않으며, 정직과 성실을 잃어버린 자이기 때문입니다. 그로 인해 수치를 당할 우려가 있습니다. 하지만 겸손한 자에게는 지혜가 있기 때문에 어려움에서 벗어날 수 있습니다.

무례하고 교만한 자를 이름하여 망령된 자라 하나니 이는 넘치는 교만으로 행함이니라 잠언 21:24

교만하면 '망령된 자'라는 불명예를 얻게 됩니다. '망령되다'는 정신이 흐려서 말과 행동이 정상적이지 못하다는 의미입니다. 즉, 교만한 자는 다른 이에게 '옳은 판단을 하지 못하는 자'로 여겨집니다. 들으려는 마음 없이 자기 뜻대로 모든 것을 추구하기 때문입니다.

2. 갈등과 다툼이 있다

교만에서는 다툼만 일어날 뿐이라 권면을 듣는 자는 지혜가 있느니라 잠언 13:10

앞에서 언급한 것처럼 교만 안에는 적대감이 숨어 있습니다. 내 마음에 적대감이 고개를 들기 시작하면 교만에 빠지고 있다는 신호이기도 합니다.

때로 마음속에 순간적으로 적대감이 일어날 때가 있습니다. 나를 싫어하고 비난하는 사람을 만날 때 그렇습니다. 가슴이 두근거리고 떨립니다. 적대적인 마음이 생깁니다. 그런데 거기에서 그치지 않고 이런 적대감을 더 키우면 교만이 되고, 교만은 세상을 향해 열려 있어야 할 마음의 문을 닫아버립니다. 마음이 닫히면 남이 잘되는 것을 보지 못합니다. 남이 잘된다는 건 그만큼 내게 위협이 되는 일이기 때문입니다. 그러면 점점 남과 더불어 살아가는 능력을 상실하게 됩니다. 자기만 높이고 다른 사람을 멸시하는 무례한 사람이 되고 맙니다. 남이 좋은 것을 가지면 그것에 연연하고, 그것을 빼앗고 싶은 탐심이 생깁니다. 이러한 내적 갈등은 다른 사람을 향한 미움이 되고, 결국 다툼으로 이어집니다.

3. 재앙으로 끝난다

> 무릇 마음이 교만한 자를 여호와께서 미워하시나니 피차 손을 잡을지라도 벌을 면하지 못하리라 잠언 16:5

> 교만은 패망의 선봉이요 거만한 마음은 넘어짐의 앞잡이니라
> 잠언 16:18

교만에 대해 가장 많이 알려진 경고의 말씀입니다. 교만은 파괴되고 멸망당하는 것의 선두주자라는 것입니다. 여기에 예외란 없습니다. 교만의 끝은 결국 패망이고, 넘어짐입니다. 게다가 남을 적대하고 자신을 높이는 것에만 관심을 두는 자들이 서로 연합한다고 생각해보십시오. 선한 것이 나올 리 없습니다. 그들의 행위는 하나님이 보시기에 징계받기에 마땅할 뿐입니다.

> 눈이 높은 것과 마음이 교만한 것과 악인이 형통한 것은 다 죄니라 잠언 21:4

모든 일이 뜻대로 잘되는 것을 '형통'이라고 합니다. 우리는 모두

형통하기를 원하며 형통한 사람들을 부러워합니다. 하지만 지혜자는 악인의 형통은 죄라고 이야기하며 모든 형통이 다 복이 아니라는 사실을 알려줍니다. 악인의 형통은 부정직한 방법과 왜곡된 힘으로 부를 축적한 결과일 가능성이 높기 때문입니다. 그런데 지혜자는 인간의 교만을 악인의 형통과 동일선상에 놓습니다. 악인이 불의한 방식으로 일을 이루어가는 것도 죄이지만, 교만한 것도 그에 못지않은 죄라는 것입니다. 지혜자는 교만이 그만큼 하나님 보시기에 옳지 못한 것임을 알려줍니다. 죄의 결과가 하나님의 형벌이라면, 교만한 자를 기다리는 것은 하나님의 심판입니다.

교만을 물리치는 법

그렇다면 교만이 우리의 삶을 지배하지 않도록 하기 위해 우리는 무엇을 해야 할까요? 지혜자는 우리가 교만의 유혹에 빠지지 않도록 구체적인 방법을 제시하고 있습니다.

1. 자신을 지혜롭게 여기지 말라

지혜로운 자는 교만하지 않으며 참된 지혜는 스스로 지혜롭지 않다는 것을 아는 데서 시작합니다. 쉽게 말하면, 공부를 하면 할수록 모르는 것이 많다는 것을 깨닫게 되는 것과 같습니다.

> 스스로 지혜롭게 여기지 말지어다 여호와를 경외하며 악을 떠날지어다 이것이 네 몸에 양약이 되어 네 골수를 윤택하게 하리라
> 잠언 3:7-8

스스로를 지혜롭게 여기지 않을 때 겸손할 수 있습니다. 이것은 자신의 지식과 지혜가 모두 하나님으로부터 오는 것임을 인정할 때 가능합니다. 오직 하나님께만 참된 지혜가 있다고 여기며 하나님을 경외하면 몸과 마음이 건강해집니다. 이것은 몸에 좋은 약이 되고 뼈마디를 윤택하게 한다는 것입니다. 그런데 마음속에 교만이 싹트면 골수를 망가뜨리는 주범이 됩니다. 뼈마디를 뻑뻑하게 하고 얼굴을 사납게 만듭니다. 그래서 마음을 점검하기 위해서는 아침마다 거울을 보며 얼굴을 확인해야 합니다.

'사나운 얼굴인가? 아니면 마음의 여유가 있는 얼굴인가?'

우리의 얼굴이 사나워졌다는 것은 교만이 똬리를 틀고 있다는 증거입니다. 한 번 똬리를 튼 적대감은 쉽게 사라지지 않습니다. 자신의 얼굴 상태를 매일 확인하기 바랍니다. 그것이 패망으로 이끄는

교만이 자신에게 침범했는지를 알아낼 수 있는 방법이며, 몸과 마음 모두 건강해지는 비결입니다.

2. 마음을 겸손히 하라

먼저 교만과 겸손의 의미를 정확히 알아야 합니다. 아무것도 하지 않고 그저 조용히 있는 것은 겸손이 아닙니다. 하나님이 주신 능력을 발휘해야 할 때에도 자신이 없어 가만히 있는 것은 결코 겸손이 아닙니다. 겸손이란 하나님 앞에서 자기 자신을 낮출 줄 아는 것입니다. 나와 다른 사람을 포용하고 용납할 줄 알며, 하나님이 주신 모든 것에 감사하며, 열정으로 임하는 것입니다. 반대로 교만은 하나님과 자신을 동등하게 여기는 것입니다. 하나님보다 앞서가려 하고, 하나님이 하시는 일을 훼방하며, 하나님이 존귀하게 생각하시는 것들을 멸시하는 것입니다.

겸손하기 위해서는 자신이 하나님 없이는 아무것도 할 수 없는 무력한 존재임을 깨달아야 합니다. 그러한 깨달음이 있을 때, 스스로의 힘으로 무언가를 이루어보겠다는 욕심과 하나님 없이도 살아갈 수 있다는 교만에서 벗어날 수 있습니다.

꿀을 많이 먹는 것이 좋지 못하고 자기의 영예를 구하는 것이 헛
되니라 잠언 25:27

사람이 교만하면 낮아지게 되겠고 마음이 겸손하면 영예를 얻으
리라 잠언 29:23

우리는 모두 영예로운 삶을 살기 원합니다. 그래서 높은 자리에 오르려 노력하고, 많은 돈을 벌기 위해 수고합니다. 하지만 지혜자는 영예가 스스로 구할 때 주어지는 것이 아님을 가르칩니다. 오히려 자기 영예를 위해 애쓰는 것이 헛되다고 합니다. 마음으로부터 겸손한 사람에게 하나님이 선물로 주시는 것이 영예입니다.

3. 내일 일을 하나님께 맡겨라

너는 내일 일을 자랑하지 말라 하루 동안에 무슨 일이 일어날는지
네가 알 수 없음이니라 잠언 27:1

내일 무슨 일이 일어날지 아는 사람은 아무도 없습니다. 그렇기 때문에 오늘 살아 있음에 감사해야 합니다. 지금 창고에 곡식이 차고 넘

치더라도 하나님이 내일 당신의 생명을 빼앗으시면 창고에 쌓아둔 곡식은 아무 소용이 없습니다. 아무리 근사한 계획을 세웠더라도 오늘 밤 하나님이 당신을 데려가시면 그것을 누릴 수 없습니다. 이것을 기억하고 나의 시간과 삶이 내 것이 아님을 인정할 때 우리는 교만하지 않을 수 있습니다. 그래서 인생을 멋지고 당당하게 사는 비결은 많은 것을 소유하는 것이 아니라 현재에 감사하는 것입니다.

"지금 이 시간, 말씀을 깨닫게 해주시니 감사합니다. 사랑하는 사람과 함께 밥을 먹을 수 있게 하시니 감사합니다. 먹은 것이 소화되게 하시니 감사합니다. 직장을 주시고 친구를 주시니 감사합니다. 이 땅에서 소명을 갖고 살아가게 하시니 감사합니다."

내게 주신 오늘의 축복에 감사하며 살아가십시오. 내일 일은 하나님께 맡기고, 한 걸음 한 걸음 오늘에 충실하면 내일의 결실을 맺을 것입니다.

4. 낮은 데서 시작하라

왕 앞에서 스스로 높은 체하지 말며 대인들의 자리에 서지 말라 이는 사람이 네게 이리로 올라오라고 말하는 것이 네 눈에 보이는 귀인 앞에서 저리로 내려가라고 말하는 것보다 나음이니라 잠언 25:6-7

처음부터 높은 곳에 앉고 싶어 하는 사람들이 있습니다. 낮은 곳에 있는 자들과 자신이 근본적으로 다르다는 것을 확인받고 싶기 때문입니다. 하지만 지혜자는 높은 관리들 앞에서 "저리로 내려가라"는 말을 듣는 것보다 "이리 올라오라"는 말을 듣는 편이 더 낫다고 이야기합니다. 자기 스스로 뽐내다 그 자리에서 내려가는 수치를 경험하지 말라는 것입니다.

낮은 자리에 있는 것은 결코 부끄러운 일이 아닙니다. 자기 자리에 만족하지 못하고 높은 자리만을 탐하는 것이 오히려 부끄러운 일입니다. 낮은 데서 위로 올라가는 것이 하나님이 주시는 복입니다. 그리고 그것에 감사할 줄 아는 것이 참된 지혜입니다. 낮은 곳에서 시작하는 것이 당연하다고 여기는 마음이 있을 때, 풍성한 하나님의 사랑의 역사를 경험하게 될 것입니다. 그리고 이런 마음으로 감사하며 살아갈 때, 우리 삶에 교만이 들어설 틈은 없습니다.

교만을 피해야 하는 결정적 이유

우리는 교만이 우리 삶을 파괴하는 모습을 지혜자의 입을 통해 들었습니다. 또한 교만에서 멀어지기 위한 구체적인 방법도 살펴보았습니다. 교만은 어느 순간 침범해 우리 삶을 삐걱거리게 하기 때문에 늘 경계심을 가지고 자신을 살펴야 합니다. 무엇보다 결코 교만해서는 안 되는 결정적 이유가 있습니다. 그것은 바로 하나님께서 싫어하시는 일곱 가지 죄악 중 첫 번째가 교만이기 때문입니다.

> 여호와께서 미워하시는 것 곧 그의 마음에 싫어하시는 것이 예닐곱 가지이니 곧 교만한 눈과 거짓된 혀와 무죄한 자의 피를 흘리는 손과 악한 계교를 꾀하는 마음과 빨리 악으로 달려가는 발과 거짓을 말하는 망령된 증인과 및 형제 사이를 이간하는 자이니라 잠언 6:16-19

하나님은 교만을 싫어하십니다. 교만한 사람의 마음에는 하나님이 들어갈 자리가 없기 때문입니다. 이런 사람들은 자기가 인생의 주인이라고 생각하기 때문에 혼자 힘으로 살아가려고 합니다. 그런데 지혜자는 왜 '교만'이라 하지 않고, '교만한 눈'이라고 했을까요?

누군가와 대화할 때 상대방의 눈을 바라보며 이야기를 나누어보십시오. 말로 전해지지 않는 마음의 소리를 들을 수 있을 것입니다. 눈동자에는 그 사람의 모든 것이 담겨 있습니다. 우리의 생각이 가장 잘 드러나는 것이 눈입니다. 즉, 교만한 사람의 눈에는 마음속 교만함이 비춰집니다. 교만은 숨길 수 없는 죄입니다.

> 나는 교만과 거만과 악한 행실과 패역한 입을 미워하느니라
>
> 잠언 8:13

하나님은 교만을 미워하신다고 계속해서 말씀하십니다. 교만은 마치 "하나님 없이도 인생을 잘살 수 있습니다. 내가 다 할 수 있습니다"라고 부르짖는 것과 다름없기 때문입니다. 하나님은 하나님의 자리가 없는 인생을 싫어하십니다. 그래서 교만한 자를 미워하십니다.

당신의 선택에 달려 있다!

> 진실로 그는 거만한 자를 비웃으시며 겸손한 자에게 은혜를 베푸시나니 잠언 3:34

교만하고 거만한 자가 이 땅에서 큰소리칠 때 하나님은 그들을 비웃으십니다. 자기만 높은 줄 알고 다른 사람은 멸시하는 그들을 보며 '그래, 어디 한번 해봐라! 하고 싶은 대로 살아봐라!'라고 생각하십니다. 하지만 하나님을 신뢰하는 겸손한 자에게는 한없는 은혜를 베푸십니다. 자녀를 향한 부모의 마음과 같습니다.

"아버지, 제가 아버지의 아들인 것이 자랑스럽습니다. 무엇이든 말씀만 하세요! 제가 따라가겠습니다."

자녀가 이렇게 이야기한다면 아버지의 입가에 저절로 미소가 번지지 않겠습니까? 그 마음은 자녀를 향한 무한한 사랑으로 가득 차오를 것입니다. '내가 자식 하나는 잘 뒀지!' 하는 생각이 들 것입니다. 이것이 바로 겸손한 자를 바라보시는 하나님 아버지의 마음입니다.

하나님의 자녀임에 감사하며, 위로부터 오는 당당함을 입는 것이 자존감입니다. 겸손한 자존감은 그런 점에서 날마다 우리를 새롭게 합니다. 나보다 더 큰 분이 있음을 알기 때문에 변화와 성숙에 대한 기대와 희망이 있습니다. 반면, 하나님께 속한 존재임을 잊고 하나님 앞에서 두려움을 잃는 것이 교만입니다. 교만하면 나보다 높은 자는 없다고 여기기 때문에 변화도 성장도 없습니다.

하나님의 뜻을 따라 하나님이 주시는 복을 누리며 살아갈 것인지, 아니면 자기 뜻대로 하나님께 묻지 않고 살아갈 것인지는 당신의 선택에 달려 있습니다. 분명한 것은 어떤 마음으로 살아가느냐에 따라 삶이 달라진다는 사실입니다. 당신은 어떤 인생을 선택하겠습니까?

| 나에게 던지는 질문 |

1. 나는 어디에서 정체성을 찾고 있으며, 내 삶의 지지 기반은 무엇이라고 생각합니까? 자신을 돌아볼 때, 나는 자존감이 있는 사람입니까, 아니면 교만한 사람입니까?

   ---

2. 지혜자가 가르쳐주는 교만의 해악과 교만을 물리치기 위한 방법을 정리해봅시다.

   ---

3. 나의 교만을 꺾기 위해 가장 필요한 것은 무엇입니까?

   ---

4. 하나님께서 주시는 자존감을 가지고 겸손하게 살아가기 위해 나는 매 순간 어떤 선택을 해야 합니까?

Lesson 07 교만

성경에는 교만 때문에 무너진 인물들이 나오는데, 이스라엘의 초대 왕이었던 사울이 대표적입니다. 사울은 왕이 되고 난 후 '교만 바이러스'에 붙잡혔고, 그때부터 그의 인생은 서서히 망가져갔습니다. 교만이 우리 삶을 지배하지 못하게 하려면 우리는 무엇을 해야 할까요? 지혜자는 우리가 교만의 유혹에 빠지지 않도록 구체적인 방법을 제시하고 있습니다.

1 교만의 폐해

교만한 사람은 언제나 자신의 정체성을 밖에서 찾으려고 합니다. 교만한 자는 자신이 제일 잘났다고 여기지만, 그를 향한 사람들의 시선은 곱지 않습니다. 교만 안에는 적대감이 숨어 있어서 내 마음에 적대감이 고개를 들기 시작하면 교만에 빠지고 있다는 신호이기도 합니다. 교만의 끝은 결국 패망임을 기억해야 합니다.

2 교만을 물리치는 법

스스로를 지혜롭게 여기지 않을 때 겸손할 수 있습니다. 겸손이란 하나님 앞에서 자기 자신을 낮출 줄 아는 것입니다. 나의 시간과 삶이 내 것이 아님을 인정할 때 우리는 교만하지 않을 수 있습니다. 낮은 곳에서 시작할 때, 풍성한 하나님의 사랑의 역사를 경험하게 될 것입니다. 그리고 이런 마음으로 감사하며 살아갈 때, 우리 삶에 교만이 들어설 틈은 없습니다.

3 교만하면 안 되는 결정적 이유

교만은 어느 순간 침범해 우리 삶을 삐걱거리게 만들기 때문에 늘 경계하며 자신을 살펴야 합니다. 우리가 교만하면 안 되는 이유는 하나님께서 싫어하시는 일곱 가지 죄악 중 첫 번째가 바로 교만이기 때문입니다. 하나님은 교만을 싫어하십니다. 교만한 사람의 마음에는 하나님이 들어갈 자리가 없기 때문입니다.

Lesson 08

미련하게 엉뚱한 곳에서 헤매지 말라

> 개가 그 토한 것을 도로 먹는 것같이
> 미련한 자는 그 미련한 것을 거듭 행하느니라 잠언 26:11

어디서 찾고 있는가?

어떤 사람이 집 열쇠를 잃어버려 마당 잔디밭에서 열심히 찾고 있었습니다. 마침 그의 집에 도착한 제자들이 마당에 있는 그에게 물었습니다.

"선생님, 무엇을 하고 계십니까?"

"집 열쇠를 잃어버려서 찾고 있다네."

"그럼, 저희가 좀 도와드릴까요?"

"그래 주면 고맙지."

그들은 한참 동안 잔디밭 사이를 휘저으며 살펴보았지만 열쇠를 찾지 못했습니다. 그때 한 제자가 선생님께 물었습니다.

"선생님, 열쇠를 어디쯤에서 잃어버렸는지 기억이 나시나요?"
"집 안에서 잃어버렸네."
집 안에서 잃어버렸다는 말에 제자는 당황했습니다.
"아니, 집 안에서 잃어버린 것을 왜 밖에서 찾고 계십니까?"
그때 선생님이 이렇게 대답합니다.
"바깥이 더 밝지 않은가?"

미련한 선생 때문에 제자들은 헛수고를 한 것입니다. 이런 선생이 실제로 내 스승이라면 어떨까요? 답답할 뿐만 아니라 이런 선생에게는 배울 게 없다고 생각할 것입니다. 저렇게 미련할 수 있나, 하고 한심스러워할 것입니다.

그런데 우리도 살아가면서 이와 비슷한 일을 할 때가 많습니다. 문제의 근본적 원인을 찾지 않고 곁가지만 흔듭니다. 해결책이 있는 곳이 아니라 엉뚱한 곳에서 답을 찾아 헤매는 것입니다. 그러고는 인생의 열쇠를 잃어버렸다고, 찾을 수 없다고 낙심하며 실망하지는 않습니까?

지혜자는 두 명의 젊은이에 대해 이야기합니다. 한 명은 지혜로운 아들이고, 다른 한 명은 미련한 아들입니다.

지혜로운 아들은 아비를 기쁘게 하거니와 미련한 아들은 어미의
근심이니라 잠언 10:1

두 아들의 삶의 방식에 어떤 차이가 있기에 한 명은 부모의 기쁨이 되고, 다른 한 명은 근심이 되는 것일까요? 우리가 일반적으로 생각하는 '지혜로움'과 '미련함'이 여기에서도 그대로 적용되는 것일까요?

지혜자는 지혜자의 가르침을 받는 이들이 모두 지혜자가 되기를 원합니다. 하나님의 뜻과 섭리를 분별하고 미련한 사람이 되지 않기를 바랍니다. 그래서 지혜자는 곳곳에서 지혜로운 자와 미련한 자를 비교합니다. 지혜로운 아들이 아버지의 기쁨이 되는 것처럼 우리가 하나님 앞에서 지혜롭게 행동하면 우리는 하나님께 기쁨이 됩니다. 그러나 미련한 자녀가 어머니에게 근심과 염려를 만들 듯 우리가 어리석고 미련하게 행동하면 하나님의 근심이 됩니다.

지혜자의 말을 들어보면, 지혜로움이나 미련함은 본래부터 타고난 능력이 아닙니다. 지혜자의 가르침 앞에서 우리가 어떻게 반응하고 어떻게 살아가느냐에 따라 지혜로운 자가 될 수도 있고 어리석은 자가 될 수도 있습니다. 하나님의 기쁨이 될 수도 있고 하나님의 근심이 될 수도 있습니다.

지혜로운 자가 되기 위해 우리는 먼저 '미련함'에 대해 알 필요가 있습니다. 미련함이 우리의 삶을 얼마나 고통스럽게 하는지 알게 될 때 미련함에서 벗어나려는 적극적인 마음이 생기기 때문입니다.

미련한 자의 특징

1. 피해를 입힌다

> 미련한 자에게는 영예가 적당하지 아니하니 마치 여름에 눈 오는 것과 추수 때에 비 오는 것 같으니라 잠언 26:1

미련한 자는 자기 때를 알지 못하는 날씨와 같습니다. 여름에 눈이 내린다고 상상해보십시오. 뜨거운 햇볕에 잘 여물어야 할 농작물에 막대한 피해를 입힐 것입니다. 추수할 때 비가 쏟아지는 건 또 어떻습니까? 한 해 수고해서 거두어들여야 할 곡식이 다 망가질 것입니다. 미련한 자는 심사숙고하지 않기 때문에 최선의 때를 분별하지 못합니다. 매사에 천방지축 멋대로 살아가기 때문에 자신에게만 아니라 다른 사람과 공동체에도 피해를 입힙니다.

> 미련한 자의 입의 잠언은 술 취한 자가 손에 든 가시나무 같으니
> 라 잠언 26:9

자신의 몸도 제대로 가누지 못하는 사람이 손에 가시나무를 들고 있다고 상상해봅시다. 손은 떨리고 다리는 힘을 잃고 휘청거립니다. 가시나무를 제멋대로 휘두르다 주변에 있는 사람들을 찌르고 자기 몸에도 상처를 입힐 것입니다. 미련한 자의 언어는 이와 같습니다. 자신은 물론 다른 사람에게도 상처를 남깁니다.

2. 스스로 속인다

> 슬기로운 자의 지혜는 자기의 길을 아는 것이라도 미련한 자의 어
> 리석음은 속이는 것이니라 잠언 14:8

자신이 가야 할 길을 아는 사람은 슬기로운 사람입니다. 자신이 서 있는 위치를 알고 자신이 나아가야 할 방향을 알고 있는 사람은 헤매지 않습니다. 땅의 길도 그러한데, 인생길은 오죽하겠습니까? 그러나 미련한 사람은 자신이 어디로 가고 있는지 알지 못합니다. 지금까지 걸어온 길을 돌아보지 않기 때문에 지금 어디에 있는지

도 모르고, 앞으로 어떻게 가야 하는지도 가늠할 수 없습니다. 어디로 가야 하는지도 모른 채 자신이 걷고 있다는 사실 하나만으로 만족합니다. 자기 마음은 뿌듯하고 흡족할 수 있어도 이는 스스로를 속이는 꼴입니다.

> 미련한 자는 죄를 심상히 여겨도 정직한 자 중에는 은혜가 있느니라 잠언 14:9

미련한 자는 잘못을 저지르고도 대수롭지 않게 여기며 자기 멋대로 악을 행해도 그것이 악인 줄 모릅니다. 죄를 죄로 여기지 않고, 죄를 심각하게 받아들이지 않습니다. 죄를 짓는 것이 얼마나 두려운 일인지 모르는 것은 미련함의 극치입니다. 그래서 미련한 자는 죄에 대해 무지한 사람이며, 방만한 사람입니다. 자신의 죄가 얼마나 파괴적인 결과를 낳는지 알지 못합니다. 죄를 별것 아니라고 생각하며 스스로를 속입니다. 스스로 속고 있다는 것도 깨닫지 못하니 더욱 미련해질 수밖에 없습니다.

3. 권고를 듣지 않는다

> 미련한 자는 자기 행위를 바른 줄로 여기나 지혜로운 자는 권고를 듣느니라 잠언 12:15

미련한 자는 하나님이 주시는 말씀의 권고와 지혜로운 친구의 권고를 도무지 들으려 하지 않습니다. 미련함에서 벗어날 기회가 있지만 터무니없이 고집을 부립니다. 자기의 행위가 바른 줄로 여기기 때문입니다. 아무리 더 좋은 것을 제시해도 자기가 옳다고 여기기 때문에 소용이 없습니다.

> 미련한 자는 명철을 기뻐하지 아니하고 자기의 의사를 드러내기만 기뻐하느니라 잠언 18:2

이렇듯 듣지는 않으려 하고, 자기 의견을 내세우며 그것만 옳다고 주장하는 사람이 미련한 자입니다. '다른 사람의 말은 들을 필요가 없다'고 생각하는 것에서 미련함이 시작됩니다. '나만 옳다'는 어리석은 생각이 미련함의 특징입니다.

미련함의 결과

1. 징계를 받는다

> 미련한 자의 생각은 죄요 거만한 자는 사람에게 미움을 받느니라 잠언 24:9

미련한 자는 생각하는 것 자체가 죄악이라고 이야기하고 있습니다. 인간은 본래 끊임없이 생각하는 존재인데, 그 생각들이 모두 죄라면 얼마나 끔찍합니까? 매순간 죄를 짓고 있으니 이보다 더 무서운 일이 없습니다. 그래서 지혜자는 "명철한 자에게는 그 명철이 생명의 샘이 되거니와 미련한 자에게는 그 미련한 것이 징계가 된다(잠언 16:22)"며 미련함 자체가 징계의 표시이기도 하다고 말합니다.

> 미련한 자의 입술은 다툼을 일으키고 그의 입은 매를 자청하느니라 잠언 18:6

> 말에게는 채찍이요 나귀에게는 재갈이요 미련한 자의 등에는 막

대기니라 잠언 26:3

자신의 말과 행동으로 인해 스스로를 징계하게 되는 것입니다. 말만 하면 다툼이 일어나고 매를 자초하니 그 삶이 평안할 리 없습니다. 게다가 지혜자는 말과 나귀에게 채찍과 재갈이 필요하듯이 미련한 자에게는 막대기가 필요하다고 합니다. 때려야 말을 듣는 짐승과 같이 미련한 자에게도 철저한 훈육과 징벌이 필요하다고 합니다. 미련함이 이렇듯 매를 자청하고 막대기를 필요로 하니, 미련함 자체가 벌일 수밖에 없습니다.

2. 완고해진다

미련한 자를 곡물과 함께 절구에 넣고 공이로 찧을지라도 그의 미련은 벗겨지지 아니하느니라 잠언 27:22

미련해지면 얼마나 고치기 힘든지, 절구에 넣고 공이로 찧어도 그 미련함이 벗겨지지 않을 정도라는 것입니다. 미련함도 중독입니다. 한 번 젖어들면, 자꾸 그것으로 마음이 향합니다. 벗어난 것 같은데 어느 순간 보면 여전히 미련함에 기대고 있습니다. 이러니 변화가 일어나기란 쉬운 일이 아닙니다. 안간힘을 써도 모자랄 판에 그 마음이 변화를 싫어하니 결국 자아라는 벽에 갇히게 됩니다. 다른 것은 보지 못하고, 자신이 바라보는 것만 바라보게 됩니다. 결국 나만 옳다는 굳은 마음이 되는 것입니다.

> 개가 그 토한 것을 도로 먹는 것같이 미련한 자는 그 미련한 것을 거듭 행하느니라 잠언 26:11

이렇게 자기만 옳다고 생각하기 때문에 미련한 행동을 반복하게 됩니다. 지혜자는 그것을 마치 '개가 토한 것을 다시 먹는 것처럼'이라고 표현합니다. 왜 그럴까요? 앞서 말했듯이 마음에 변화가 일어나지 않기 때문입니다. 미련함으로 굳어진 마음이 지혜에 귀를 닫고, 자기 뜻대로 고집을 부리기 때문입니다.

물론 지혜로운 자라고 해서 잘못이나 실수가 아예 없을 수는 없습니다. 실패할 때도 있습니다. 그러나 지혜로운 자는 잘못을 되풀이하지 않기 위해 노력합니다. 무엇이 원인이었는지 찾고, 바꾸어야 할 부분은 고쳐서 다시 새롭게 시작합니다. 지혜로운 자는 변화에 열려 있습니다. 하지만 미련한 자에게는 이러한 마음의 변화가 일어나지 않기 때문에 시간이 지날수록 더욱 완고해질 뿐입니다.

3. 패망의 길로 향한다

어리석은 자의 퇴보는 자기를 죽이며 미련한 자의 안일은 자기를 멸망시키려니와 잠언 1:32

지혜로운 자는 영광을 기업으로 받거니와 미련한 자의 영달함은 수치가 되느니라 잠언 3:35

미련한 사람은 자신이 퇴보하는 줄도 모르고 살아갑니다. 자신의 삶에 만족하며 모든 것을 쉽고 편하게 생각합니다. 변하기 위한 노력도, 지혜를 찾기 위한 수고도 없는 그들의 마지막은 결국 수치와 멸망뿐입니다.

그는 훈계를 받지 아니함으로 말미암아 죽겠고 심히 미련함으로 말미암아 혼미하게 되느니라 잠언 5:23

미련함이 더해질수록 사고가 어두워지고 정신은 흐려진다는 것을 미련한 자는 모릅니다. 정신 차리라고, 거기서 멈추라고 소리를 쳐도 듣지 않고, 하나님의 지혜도 받지 않으니 죽음의 길로 향하는 걸음을 멈춰 세울 방법이 없습니다. 훈계를 받아들이지 않으니 인생길의 방향을 잃고 방황할 수밖에 없습니다. 이것이 미련한 자가 멸망에 이를 수밖에 없는 이유입니다.

미련함을 극복하는 법

그렇다면 우리가 미련함에서 벗어날 수 있는 방법은 무엇일까요? 어떻게 하면 멸망으로 이르는 길에서 돌이킬 수 있을까요? 지혜자는 미련함을 극복하는 방법을 크게 네 가지로 제시합니다.

1. 스스로 지혜롭게 여기지 말라

스스로 지혜롭다고 여기는 마음부터 버려야 합니다. 나 자신이 지혜롭다고 생각하는 순간, 우리 마음에는 벽이 쌓이기 시작합니다. 이 벽은 외부의 소리를 차단하고, 안으로는 긍정적인 변화가 일어나지 못하도록 합니다. 그리고 더 큰 문제는 하나님의 말씀 앞에 겸손히 머리 숙이는 것을 방해한다는 것입니다.

네가 스스로 지혜롭게 여기는 자를 보느냐 그보다 미련한 자에게 오

히려 희망이 있느니라 잠언 26:12

지혜자는 '미련한 자에게 오히려 희망이 있다'는 말로 스스로를 지혜롭게 여기는 것이 얼마나 큰 잘못이며 위험인지를 이야기합니다. 자신을 지혜롭게 여기지 않을 때 삶에 대한 반성이 따라오고, 마음의 문을 열 수 있으며, 더 큰 목표를 향해 나아갈 수 있습니다.

지식을 많이 쌓은 사람일수록 많이 안다는 자부심이 생기게 마련입니다. 그래서 스스로를 지혜 있는 자로 여기기 쉽습니다. 그러나 자기 지식이 아무것도 아니라는 사실을 깨달은 사람이 진짜 지혜자입니다. 내가 조금 알게 되었다고 마치 모든 것을 통달한 사람처럼 생각하는 것은 세상의 위치와 상관없이 하나님이 보시기에 미련한 사람의 자세입니다.

내가 어떤 분야의 전문가라 하더라도, 나보다 그것에 대해 더 잘 아는 사람이 나타나면 겸손한 태도를 보이는 사람이 진정한 전문가입니다. 권력을 가지고 있다 하더라도, 이것이 언젠가는 무너질 것임을 깨닫는 자가 진정한 권력자입니다. 손에 쥔 권력을 놓치지 않으려 안간힘을 쓰고 다른 사람이 그에 대해 문제를 제기하면 가차 없이 내모는 사람은 비록 지도자 자리에 있다 해도 미련한 사람입니다. 이것은 매우 중요한 문제이고, 우리가 늘 조심해야 할 삶의 태도입니다.

2. 두려움의 대상을 인식하라

> 지혜로운 자는 두려워하여 악을 떠나나 어리석은 자는 방자하여 스스로 믿느니라 잠언 14:16

"하나님, 이것이 정말 옳은 것입니까? 이것이 하나님을 기쁘게 하는 일입니까?"

우리는 결코 스스로를 믿을 수 없는 존재입니다. 그렇기 때문에 아무리 사소한 문제 앞에서도 항상 이렇게 질문할 수 있어야 합니다. 마치 하나님의 마음을 다 아는 것처럼 하나님께 묻지도, 하나님의 대답을 듣지도 않고 제멋대로 살아가는 것은 미련한 사람의 행동입니다.

하나님을 두려워하는 마음은 매우 중요합니다. 이것은 하나님께서 우리에게 주신 지혜의 핵심이기도 합니다. 하나님을 두려워한다는 것은 하나님을 가까이 다가갈 수 없는 무서운 분으로 여기는 것이 아니라 하나님을 경외하는 것을 의미합니다. 세상의 기준이나 사람들의 시선을 무서워하는 것이 아니라 오직 하나님의 뜻에 불

순종하는 것을 두려워해야 합니다. 이렇게 진정으로 두려워해야 할 대상을 바르게 알고 있을 때, 미련함을 극복할 수 있습니다.

3. 지혜로운 자와 동행하라

> 지혜로운 자와 동행하면 지혜를 얻고 미련한 자와 사귀면 해를 받느니라 잠언 13:20

하나님을 경외하고 겸손한 사람이 있다면, 그런 사람과 동행하십시오. 그것이 축복입니다. 미련한 자와 동행하면 함께 미련해져서 해를 받지만, 지혜로운 자와 동행하면 지혜를 얻게 됩니다. 그래서 인생길에서 만나는 어려움과 갈등을 지혜롭게 풀어나갈 수 있습니다.

이렇듯 함께하는 사람은 매우 중요합니다. 누구와 함께하느냐에 따라 내게 지혜가 생길 수도, 미련함이 생길 수도 있습니다. 어떤 사람과 시간을 보내느냐에 따라 하나님의 기쁨이 될 수도, 근심이 될 수도 있습니다. 당신에게는 믿음의 친구가 있습니까? 그렇다면 감사하십시오. 믿음의 친구가 있다는 것, 함께 기도하는 친구가 곁에 있는 것은 큰 복입니다. 이 복을 평생 누릴 수 있어야 합니다. 그리고 공동체 안에서 이 축복을 발견할 수 있어야 합니다. 함께 지혜를 나눌 친구를 얻는 것은 미련함에서 벗어나는 좋은 방법입니다.

4. 지혜 자체를 즐기라

> 미련한 자는 행악으로 낙을 삼는 것같이 명철한 자는 지혜로 낙을 삼느니라 잠언 10:23

지혜 자체를 삶의 즐거움으로 삼을 수 있어야 합니다. 그렇다면 어떻게 해야 지혜를 즐길 수 있을까요? 이것은 지혜의 본질이신 하나님을 즐기는 것부터 시작됩니다. 그리고 사실 우리가 잃어버린 마음이긴 하지만, 하나님을 영화롭게 하고 하나님을 영원히 즐거워하는 것은 인간의 본분입니다.

삶에는 언제나 옳고 그름을 판단해야 할 일들이, 바르게 선택해야 하는 문제들이 쌓여 있습니다. 하지만 우리의 생각만으로는 그것들을 해결할 수 없습니다. 우리에게는 모든 것을 밝히 보는 지혜가 부족하기 때문입니다. 그때마다 하나님께 어떻게 해야 할지 묻고, 기도하면서 지혜를 구하십시오. 그리고 하나님이 주시는 지혜를 즐거워하십시오. 그것이 미련함에서 멀어지는 방법입니다.

하나님을 아는 지식

우리는 매순간 미련함과 지혜를 구별해야 합니다. 그것을 잘 구별하는 것이 바르게 살아가는 비결입니다. 그런데 미련함과 지혜를 구별하는 기준은 세상에서 말하는 지식이 아니라 하나님을 아는 지식입니다. 바로 하나님을 경외하는 지식입니다.

참된 지식을 찾고 있습니까? 그것은 다른 데 있지 않습니다. 하나님이 창조주라는 사실, 하나님은 영원하시고 거룩하신 분이라는 사실을 아는 데 있습니다. 그리고 이 지식이 있을 때 미련함을 버릴 수 있습니다.

칼뱅은 《기독교 강요》에서 하나님을 아는 지식과 인간을 아는 지식이 참된 지식이라고 말합니다. 하나님을 아는 지식, 인간을 아는 지식 그리고 세계를 아는 지식이 아주 중요하다는 것입니다. 그래서 성경은 지혜자인지 여부를 '하나님을 제대로 알고 있는가?' 하는 것으로 판별할 수 있다고 말합니다. 그것이 지식의 근본이기 때문입니다.

> 여호와를 경외하는 것이 지식의 근본이거늘 미련한 자는 지혜와 훈계를 멸시하느니라 잠언 1:7

성경은 하나님을 경외하는 것이 지식의 근본이라고 분명히 이야기합니다. 이것을 거절할 때 미련함이 생길뿐더러 어리석고 거만한 자가 되는 것입니다. 가장 기본이 되는 것을 채우지 못하고서는 다른 어떤 노력으로도 참된 지식을 얻을 수 없습니다. 이것은 세상의 이치이기도 합니다.

> 무릇 슬기로운 자는 지식으로 행하거니와 미련한 자는 자기의 미련한 것을 나타내느니라 잠언 13:16

> 지혜 있는 자의 혀는 지식을 선히 베풀고 미련한 자의 입은 미련한 것을 쏟느니라 잠언 15:2

> 명철한 자의 마음은 지식을 요구하고 미련한 자의 입은 미련한 것을 즐기느니라 잠언 15:14

슬기로운 자에게는 하나님을 아는 지식과 하나님을 경외하는 것이 모든 삶의 근거가 됩니다. 그 때문에 끊임없이 하나님을 더욱 깊이 알아가기를 소원하고, 자신이 아는 지식을 사람들에게 전하기를 열망합니다. 세상을 향한 문을 닫고 자신만의 세계에서 이기적으로 살아가는 미련한 자들과는 근본적으로 전혀 다른 삶을 살게 되는 것입니다.

결국 하나님을 아는 지식이 인간과 이 세계를 아는 지식이며 인생을 제대로 사는 노하우입니다. 이 모든 것이 하나님을 경외하는 것에 달려 있다는 것입니다. 하나님은 우리가 미련함을 버리고 지혜자가 되기를 바라십니다. 그리고 그것은 우리 각자의 바람이기도 합니다. 미련한 자가 되고 싶은 사람이 어디 있겠습니까? 아직 늦지 않았습니다. 지금부터 시작하면 됩니다. 그 출발점은 하나님을 아는 데 있습니다. 하나님을 알고 경외하는 것이 지혜의 근본이기 때문입니다. 하나님 앞에서 연약한 나를 인정하고 겸손히 고개를 숙일 수 있는 사람은 미련함을 멀리할 수 있습니다.

이렇게 분명한 답을 두고도 인생의 열쇠를 다른 곳에서 찾으시렵니까?

| 나에게 던지는 질문 |

1. 내가 생각해온 '미련함'은 무엇입니까? 지혜자가 말하고 있는 것과 비슷합니까?

   ----

2. 나에게는 하나님을 아는 지식이 있습니까? 나는 그것을 모든 것의 중심으로 삼고 있습니까?

   ----

3. 지혜자의 가르침을 생각하며 인생을 제대로 살기 위한 나와의 약속 세 가지를 적어보십시오.

Lesson 08 미련함

지혜자는 곳곳에서 지혜로운 자와 미련한 자를 비교합니다. 지혜자의 가르침 앞에서 우리가 어떻게 반응하고 살아가느냐에 따라 지혜로운 자가 될 수도, 어리석은 자가 될 수도 있습니다. 우리가 미련함에서 벗어날 수 있는 방법은 무엇일까요?

1 미련한 자의 특징

미련한 자는 심사숙고하지 않기 때문에 최선의 때를 분별하지 못합니다. 잘못을 저지르고도 대수롭지 않게 여기며 악을 행해도 악인 줄 모릅니다. 죄 짓는 것이 얼마나 두려운 일인지 모르는 것은 미련함의 극치입니다. 미련한 자는 하나님이 주시는 말씀의 권고와 지혜로운 친구의 권고도 들으려 하지 않습니다. 자기의 행위가 바르다고 여기기 때문입니다.

2 미련함의 결과

미련한 자의 생각은 죄악이라고 합니다. 인간은 끊임없이 생각하는 존재인데, 그 생각들이 모두 죄라면 얼마나 끔찍합니까? 미련함도 중독입니다. 자기만 옳다고 생각하기 때문에 미련한 행동을 반복하게 됩니다. 훈계를 받아들이지 않으니 인생길의 방향을 잃고 방황할 수밖에 없습니다. 미련한 자가 멸망에 이를 수밖에 없는 이유입니다.

3 미련함을 극복하는 법

스스로 지혜롭다고 여기는 마음부터 버려야 합니다. 우리는 결코 믿을 만한 존재가 아닙니다. 그렇기 때문에 아무리 사소한 문제라도 하나님께 묻고 가야 합니다. 하나님을 경외하고 겸손한 사람이 있다면, 그런 사람과 동행하십시오. 지혜 자체를 즐길 줄 아는 것은 지혜의 본질이신 하나님을 즐기는 것부터 시작됩니다.

Lesson 09

마음을 붙들면
모든 것을 통제할 수 있다

> 모든 지킬 만한 것 중에 더욱 네 마음을 지키라
> 생명의 근원이 이에서 남이니라 잠언 4:23

마음을 춤추게 하라

장미에 알레르기 반응을 보이는 소년이 있었습니다. 이 소년은 최대한 장미와 접촉을 피하려고 애썼습니다. 그런데 어느 날 집에 들어온 소년은 거실 탁자 위에 놓인 꽃다발 속에서 장미를 발견했습니다. 과민하게 반응하지 않으려고 애써보았지만 그의 신경은 온통 장미에 쏠렸고 몸은 곧바로 알레르기를 일으켰습니다. 소년은 결국 병원 응급실로 실려가고 말았습니다. 그런데 황급히 뒤따라온 소년의 어머니가 의사를 향해 이렇게 소리쳤습니다.

"그 장미는 진짜 장미가 아니라 조화였어요!"

육체가 우리의 정신과 마음에 영향을 끼치기도 하지만, 반대로 마음이 몸에 강력한 영향을 끼치는 경우도 허다합니다. 진짜 장미가 아닌데도 소년이 '장미'라고 인지한 순간 몸이 특별한 반응을 보인 것처럼 말입니다. 이렇듯 인간의 생각이 때로는 몸에 반응을 일으킵니다. 병원을 찾는 상당수 환자가 심인성(心因性) 질환이라고 합니다. 어떤 생각과 마음을 갖느냐에 따라 우리 몸의 상태가 달라진다는 것을 보여주는 이야기입니다.

《암을 손님처럼 대접하라》의 저자 이병욱 박사는 사람이 기쁨을 느끼면 몸속의 세포가 춤을 춘다고 말합니다. 세포 하나하나가 즐겁게 춤을 춘다고 생각해봅시다. 몸에 침투한 병균과 해로운 바이러스가 내쫓기지 않겠습니까? 그는 환자에게 의사의 처방과 치료도 중요하지만 무엇보다도 어떤 마음을 갖느냐가 중요하다고 이야기합니다. 긍정적인 마음을 가지면 면역력이 높아질 수 있고, 건강해질 수 있다는 것입니다. 그러면서 그는 세 가지 마음가짐을 제안합니다. 기뻐하고 감사하며 기도하는 마음입니다. 마음이 기뻐하고, 입술이 감사로 가득하고, 하나님 앞에 간절하게 기도하는 사람에게는 면역력이 쉽게 나타난다고 합니다.

"내가 포기하지 않고 치료를 받을 수 있으니 감사하고, 잘 먹을 수 있으니 감사하고, 잠을 자고 쉴 수 있으니 감사하고, 위로해주는 가족이 있으니 감사하고, 거동할 수 있으니 감사하면 내가 행복한 사람이라는 것을 깨달을 수 있다. 바로 그 순간 치유의 역사가 시작된다."

몸이 아플 때 오히려 즐거워하고 감사한다면 병을 이겨낼 동력을 얻게 됩니다. 그만큼 마음가짐은 중요합니다. 인생의 모든 순간에 그러합니다.

마음의 중심

성경은 우리에게 예수 그리스도를 믿으면 모든 일이 다 잘된다고 말하지 않습니다. 삶의 어려움이 없어진다거나 문제가 해결될 것이라고 말하지 않습니다. 오히려 인생이란, 시련과 좌절로 가득 차 있다는 것을 꿰뚫어보는 것이 성경입니다.

우리는 인간이기 때문에 실패할 수 있고, 그 때문에 실망하고 좌절하는 것도 피할 수 없습니다. 때로는 견딜 수 없는 심적 갈등과 긴장 상태를 겪을 때도 있습니다. 이렇듯 살아간다는 것은 한편으로 고통 받고 아파한다는 뜻이기도 합니다. 어떻게 보면 아이가 이 땅에서의 삶을 울음으로 시작하는 것 자체가 이 세상이 결코 녹록하지 않다는 것을 우리에게 가르쳐주고 있는 것입니다. 눈물과 탄식과 아픔이 있으리라는 사실을 말입니다.

하지만 어려움을 만날 때 모두의 반응이 동일한 것은 아닙니다. 모두가 낙심하고 좌절하며 그저 상황이 이끄는 대로 무력하게 따라가는 것은 아니라는 이야기입니다. 개인의 마음가짐에 따라 상황을 마주하는 모습은 천차만별입니다. 무엇이 마음을 지배하는가에 따라 상황을 바라보는 눈이 달라져서 두려움이 생길 수도 있고, 즐거움을 얻을 수도 있습니다. 그래서 우리는 상황이 나를 주도하게 할 것인지 아니면 내가 상황을 주도할 것인지 선택해야 합니다. 다시 말해, 상황이 내 마음을 지배하도록 내버려둘 것인지, 아니면 내 마음이 상황을 통제할 것인지 결정할 수 있다는 것입니다. 결국 마음가짐의 문제입니다.

하나님께서는 사람의 마음을 소중히 여기십니다. 성경 전체에 마음에 관한 말씀이 많은 것을 보아도 알 수 있습니다. 특히 그 마음이 어디로 향하고 있는지에 대해 관심이 많으십니다.

> 너는 마음을 다하여 여호와를 신뢰하고 네 명철을 의지하지 말라 너는 범사에 그를 인정하라 그리하면 네 길을 지도하시리라
>
> 잠언 3:5-6

여기서 중요한 것은 '마음을 다해서'입니다. 지성이나 명철이 아니라 마음을 다해 전인격으로 하나님을 신뢰하라는 것입니다. 적당히, 어느 정도 신뢰하는 것은 누구나 할 수 있습니다. 하지만 하나님이 바라시는 것은 온 마음이 향하는 신뢰입니다. 그리고 범사에 하나님을 인정하라고 이야기합니다. '범사'는 삶의 모든 순간을 말합니다. 만나는 모든 사람, 일어나는 모든 사건을 전부 다 포함하는 것입니다. 그때마다 하나님을 신뢰하고 인정하면, 즉 하나님을 마음의 중심에 두면 하나님이 내 길을 인도하신다는 말씀입니다. 어려움이나 슬픔, 절망 가운데 있을 때에도 하나님이 내 인도자가 되어 주신다는 이야기입니다. 그렇다면 어떻게 해야 하나님께 모든 것을 맡기면서도 삶을 주체적으로 영위할 수 있을까요?

> 도가니는 은을, 풀무는 금을 연단하거니와 여호와는 마음을 연단하시느니라 잠언 17:3

연단의 시간이 필요합니다. 어떠한 순간에도 의심과 불안, 거짓이 들어오지 않는 단단한 마음이 되기 위해서는 마치 은과 금이 연단되듯 마음도 연단되어야 합니다. 하나님에 대한 신뢰와 사랑으로 견고해질 수 있도록 말입니다.

내 아들아 네 아비의 명령을 지키며 네 어미의 법을 떠나지 말고
그것을 항상 네 마음에 새기며 네 목에 매라 잠언 6:20-21

또한 항상 마음에 하나님의 말씀과 명령을 새겨야 합니다. 그래야만 우리의 마음이 다른 곳으로 흘러가지 않습니다. 그 말씀들이 마음의 자세를 결정할 때 힘을 발휘하기 때문입니다. 이렇게 하나님께서 사용하시기 좋은 상태로 마음이 연단될 때, 상황이 우리를 지배하지 못합니다.

마음의 즐거움

하나님은 우리가 하나님을 신뢰하고 사랑함으로써 항상 기뻐하기를 바라십니다. 이것은 우리에게 주신 명령이자 우리가 누려야 할 선물입니다. 즐거운 마음을 갖기로 선택했을 때, 우리 삶에는 놀라운 변화가 찾아옵니다.

1. 얼굴을 빛나게 한다

마음의 즐거움은 얼굴을 빛나게 하여도 마음의 근심은 심령을 상

하게 하느니라 잠언 15:13

마음에 즐거움이 있으면 얼굴에 빛이 납니다. 얼굴에서 빛이 난다는 것은 단순히 표면적으로 드러나는 현상만을 의미하지 않습니다. 얼굴은 몸의 오장육부(五臟六腑)가 드러나는 자리이기 때문입니다. 오늘 아침 거울을 보셨습니까? 얼굴이 빛나고 있었습니까, 아니면 우울함과 슬픔 속에 짓눌려 있었습니까? 주름살을 확인하는 것보다 더 중요한 것은 얼굴에 웃음이 있는지 슬픔이 있는지를 확인하는 것입니다.

인간은 즐거운 마음을 품을 수도 있고, 애통하고 비통한 마음을 품을 수도 있습니다. 여기서 말하는 즐거운 마음이란 상황이나 환경에 의한 당연한 즐거움이 아닙니다. 현 상황을 넘어서는 마음의 즐거움을 말하는 것입니다. 마음먹기에 따라서 상황이나 형편과 상관없이 우리는 즐거울 수도 있고, 슬플 수도 있습니다. 다음 말씀을 보면 명확해집니다.

고난 받는 자는 그 날이 다 험악하나 마음이 즐거운 자는 항상 잔치하느니라 잠언 15:15

꼭 좋은 일이 있어서 잔치를 하는 것이 아닙니다. 마음이 즐거운 자가 잔치를 여는 것입니다. 살면서 아무런 문제도, 위기도 없다고 말할 사람이 누가 있을까요? 때로는 어려운 일을 만나고 아픔이 다가오기도 하지만 마음을 즐겁게 가지면 시련의 시기에도 잔치를 베풀 수 있습니다. 반대로 나에게는 늘 고난만 찾아온다고 생각하면, 모든 날들이 험악해지고 가슴이 답답할 수밖에 없습니다.

2. 치유와 변화가 있다

> 마음의 즐거움은 양약이라도 심령의 근심은 뼈를 마르게 하느니라 잠언 17:22

즐거운 마음은 아픈 몸을 치유하고 변화시킵니다. 아무리 몸에 좋다는 보약을 먹어도 마음이 즐겁지 않으면 몸을 강건하게 만들지 못합니다. 마음가짐 자체가 몸에 약이 될 수도, 독이 될 수도 있기 때문입니다. 이것은 건강만의 문제가 아닙니다. 삶의 모든 상처 난 부분에서 치유는 즐거운 마음을 갖는 것으로 시작합니다. 모든 것을 하나님께 맡기고 즐겁게 살기로 결정하는 것입니다. 그러면 세상이 주지 못하는 평안과 기쁨이 내 삶을 채우게 됩니다.

인생에서 근심을 없애는 길이란 존재하지 않습니다. 근심을 바라보고 대응하는 방법이 다를 뿐입니다. 결국 우리 인생은 근심걱정을 떠안고 사느냐, 하나님께 맡기고 즐겁게 사느냐, 둘 중 하나입니다. 당장 가정의 문제, 직장 생활의 고충, 삶의 위기가 다가오는데 둘 중 하나밖에 할 수 없습니다. 근심을 내 속에 쌓아두면서 걱정하며 탄식하든지, 주님께 무거운 짐을 맡기고 즐거워하는 것입니다.

"내 걱정이 주님의 걱정이 되게 하옵소서. 주님의 근심이 되게 하옵소서. 주님께 내 모든 것을 맡기오니 받아주시옵소서."

바로 이것이 예수 믿는 사람들이 누리는 특별한 선물입니다.

마음 지키기

즐거운 마음이 삶에 긍정적인 변화를 가져온다는 것을 알고 있어도 모든 상황에서 감사와 기쁨의 마음을 붙잡기란 결코 쉬운 일이 아닙니다. 하지만 아무리 어려워도 충분히 그럴 가치가 있음을 성경은 이야기하고 있습니다.

> 모든 지킬 만한 것 중에 더욱 네 마음을 지키라 생명의 근원이 이에서 남이니라 잠언 4:23

살면서 지켜야 할 것들이 많지만 제일 중요한 것은 마음을 지키는 일입니다. 마음이 무너지면 모든 것이 무너지고, 마음이 견고하면 모든 것을 지켜낼 수 있습니다. 우리가 좌절하고 실망하는 것도 결국 마음의 작용입니다. 환경 자체가 나를 실망시킬 수는 없습니다. 환경이나 사람을 바라보는 나의 마음이 실망의 자리로 건너가는 것입니다. 그리고 그 감정의 원인과 책임을 외부 환경으로 돌리고 싶어 하는 것입니다. 마음을 지키지 못하면 우리는 사소한 일에서도 쉽게 낙심의 구덩이에 빠질 수 있습니다.

마음은 생명의 근원이 나오는 자리입니다. 성경은 "만물보다 거짓되고 심히 부패한 것은 마음(예레미야 17:9)"이라고 지적합니다. 생명이 나오는 곳도, 이 세상의 가장 더러운 것이 자라는 곳도 마음이기에 마음을 붙잡는 사람이 인생을 성공적으로 살 수 있습니다.

> 자기의 마음을 제어하지 아니하는 자는 성읍이 무너지고 성벽이 없는 것과 같으니라 잠언 25:28

성읍이 무너지고 성벽이 없다고 상상해보십시오. 적군이 쳐들어 오면 완전히 무방비 상태로 공격을 받을 수밖에 없습니다. 마음을 통제하지 못하는 것도 이와 같습니다. 마음을 지키지 못하면, 시시

각각 다가오는 삶의 어려움과 그로 인한 감정의 변화에 노예가 될 수밖에 없습니다. 마음을 지킬 수 있어야 외부의 공격에서 자유로운 사람이 될 수 있습니다. 상황을 초월한 감사와 기쁨을 누리는 사람이 됩니다. 그리고 무엇보다 중요한 것은 마음을 붙들 수 있을 때 삶의 목표를 향해 나아갈 수 있다는 것입니다.

목표를 이루기 위한 삶의 태도

우리 각자에게는 인생의 목표가 있습니다. 우리는 그것을 '꿈'이라고 부릅니다. 사람마다 꿈을 향해 가는 걸음은 다릅니다. 서서히 이뤄나가는 사람이 있는가 하면, 어려움을 만났을 때 쉽게 실망하고 낙담해서 도중에 포기하는 사람도 있습니다. 꿈을 포기하게 만드는 이유는 한 가지가 아닐 것입니다. 꿈 자체가 실현 가능성이 없는 경우도 있을 것이고, 또는 주변 여건이 척박해서 헤쳐 나갈 수 없을지도 모릅니다. 아니면 누군가가 길을 방해하고 가로막기 때문일 수도 있습니다. 그런데 과연 포기하는 모든 이유가 이런 외부적인 것들 때문일까요?

청년들과 이야기를 나누다 보면 대부분 큰 꿈이 있다는 것을 발견하곤 합니다. 매우 반가운 일입니다. 그런데 많은 청년들의 삶을 들여다보면, 꿈은 있는데 그것을 이루기 위해 대가를 치를 생각은 하지 않는 것 같아 안타깝습니다. 꿈은 이루고 싶고, 또 열심히 살겠다고 다짐하면서도 게으름에서 벗어나려는 적극적인 노력이 없는 것입니다. 시험을 준비하면서도 좋아하는 TV프로그램이나 재미있는 인터넷 기사를 놓치려 하지 않습니다. 책을 많이 읽겠다는 목표를 세우고 도서 목록도 적어보지만 시간을 내서 책을 읽으려는 노력은 하지 않습니다. 이렇듯 꿈만 꾸는 사람이 얼마나 많은지 모릅니다.

인생의 많은 부분에서 뚜렷한 결실을 맺지 못하는 것은 꿈이나 목표가 없기 때문이 아니라 그 목표를 이루기 위해 자신을 통제할 능력과 그에 따른 대가를 치를 마음이 없기 때문입니다. 시간과 돈을 지불하기 싫어하고, 땀 흘리기를 꺼려하고, 노력하기를 주저하기 때문입니다. 물론 모두가 그렇다고 하기는 어렵지만, 목표가 있는데도 실패하는 이유는 그만한 대가를 치르려 하지 않기 때문인 경우가 많은 게 사실입니다.

인생의 목표를 이루기 위해서는 세 가지 삶의 태도가 반드시 필요합니다. 첫 번째는 '집중력(concentration)'입니다. 집중력은 몰입이라는 말로 대체할 수 있습니다. 몰입하지 않고는 창조적 역사를 일궈낼 수 없습니다. 집중력이 떨어지고 산만해지면 일을 제대로 진행할 수 없다는 것을 우리는 경험을 통해 알고 있습니다. 두 번째는 '지속성(patience)'입니다. 아무리 집중력이 있어도 그 상태가 지속되지 않으면 결실을 맺기 힘듭니다. 그런 점에서 지속성은 인내심을 필요로 합니다. 젊은 세대의 가장 큰 약점이 바로 이 집중력과 인내심 부족입니다. 젊은이들은 자신이 좋아하는 것에만 집중하는 경향이 있습니다. 하지만 그런 집중력과 지속성을 꿈과 연결해야 합니다. 그래야만 가슴속에 품고 있는 꿈이 현실이 됩니다. 마지막으로, 세 번째는 '자기 통제(self-control)'입니다. 자기 통제는 분별력이 전제되어야 합니다. 모든 것을 다 좋다고 여기면 통제할 것이 없습니다. 유혹 속에 있으면서도 '이러다 언젠가 회복되겠지' 생각하며, 스스로 '괜찮다, 괜찮다' 하면 통제할 이유가 없어집니다. 내게 유익하지 않은 것을 분별할 수 있어야 통제에 대한 필요를 느낍니다. 지향하는 뚜렷한 목표가 있을 때 더욱 분명히 느낄 수 있습니다. 꼭 이루고 싶은 꿈이 있어야 자기 통제에 대한 의지가 생긴다는 이야기입니다.

집중력과 지속성과 자기 통제는 모두 마음의 훈련과 삶의 습관을 통해 형성됩니다. 집중하고자 하는 의도적 노력도 필요하고, 목표를 다시 확인하면서 우직하게 정진하는 마음가짐도 필요합니다. 무엇보다 집중력과 지속성을 유지하려면 내 방만한 생활을 통제하고 건강한 목표를 향한 자기 통제가 필요합니다. 이제 우리는 지혜자에게서 자기 통제를 어떻게 해야 하는지, 우리에게 절제가 필요한 부분은 무엇인지 들을 차례입니다.

1. 끊임없는 탐욕을 통제하라

구체적인 것부터 시작한다면, 먼저 탐식을 버려야 합니다. 먹는 것에 욕심을 내거나 스트레스를 식욕으로 해결하려는 사람이 꽤 있습니다. 그런데 성경은 먹고 마시는 것을 절제하라고 합니다. 이는 가장 일상적인 절제이기도 합니다.

> 악한 눈이 있는 자의 음식을 먹지 말며 그의 맛있는 음식을 탐하지 말지어다 잠언 23:6

> 너는 꿀을 보거든 족하리만큼 먹으라 과식함으로 토할까 두려우니라 잠언 25:16

항상 적절하게 먹는 것이 중요합니다. 아무리 달고 맛있어도 먹을 만큼 먹었다면 스스로 멈출 수 있어야 합니다. 이러한 절제는 몸의 건강뿐만 아니라 정신의 건강을 위해서도 필요합니다. 지나치게 배가 부르면, 사람이 게을러지고 나태해지기 때문입니다.

> 이익을 탐하는 자는 자기 집을 해롭게 하나 뇌물을 싫어하는 자는 살게 되느니라 잠언 15:27

> 욕심이 많은 자는 다툼을 일으키나 여호와를 의지하는 자는 풍족하게 되느니라 잠언 28:25

욕심이 자라면 탐욕이 되고, 탐욕이 커지면 삐걱거리는 일이 많아집니다. 풍족한 삶을 위해 많이 갖기를 원하지만, 오히려 그 마음이 가져다주는 것은 행복이나 풍요가 아니라 다툼이라고 이야기합니다. 그리고 풍족한 삶의 비결은 소유에 대한 관심이 아니라 하나님을 의지하는 마음이라고 덧붙입니다.

2. 시기와 질투에서 벗어나라

시기와 질투는 단순히 부러워하는 마음이 아닙니다. 남이 잘되는 것을 공연히 미워하거나 깎아내리는 것을 말합니다. 지혜자는 시기와 질투가 얼마나 무서운 것인지를 알려줍니다.

> 평온한 마음은 육신의 생명이나 시기는 뼈를 썩게 하느니라
>
> 잠언 14:30

> 분은 잔인하고 노는 창수 같거니와 투기 앞에야 누가 서리요
>
> 잠언 27:4

시기심에 마음을 빼앗기면 뼈가 썩는 것과 마찬가지라는 것입니다. 게다가 분노보다 더 무서운 것이 시기와 질투라고 이야기합니다. 화를 내면 창수 같지만 투기가 오면 감당할 수 없다는 것입니다.

우리는 주변에서 나보다 좋은 환경에 있는 사람, 나보다 많이 가진 사람을 쉽게 찾아볼 수 있습니다. 그럴 때 시기하는 것이 아니라 그 사람에게 있는 좋은 부분은 배우려 하고, 잘못된 부분은 따르지 않으려 노력하는 자세가 필요합니다.

> 네 마음으로 죄인의 형통을 부러워하지 말고 항상 여호와를 경외하라 정녕히 네 장래가 있겠고 네 소망이 끊어지지 아니하리라 잠언 23:17-18

잘되는 것 자체를 부러워해서 본받지 않아야 할 것까지 따르려 하

면 소망이 끊어진다고 경고합니다. 지금 당장은 성공처럼 보일지라도 시간이 지나면 실상은 그게 아니었음이 밝혀지는 경우가 많습니다. 언젠가는 참된 결과가 나타나기 마련입니다.

시기와 질투에서 해방되려면 무엇보다 자기 존재에 대한 자부심이 있어야 합니다. 사람들이 끊임없이 남을 헐뜯고 남들보다 높아지려 하는 것은 자존감이 없기 때문입니다. 자존감은 시기와 질투를 이겨내는 강력한 힘입니다.

3. 분노하는 마음을 버려라

분노의 감정은 분별력과 자제력을 잃게 해서 좋지 못한 결과를 가져옵니다. 우리가 접하는 많은 사건 사고는 순간적인 분노를 조절하지 못해서 일어나는 경우가 많습니다.

> 노하기를 속히 하는 자는 어리석은 일을 행하고 악한 계교를 꾀하는 자는 미움을 받느니라 잠언 14:17

> 노하는 자는 다툼을 일으키고 성내는 자는 범죄함이 많으니라
> 잠언 29:22

> 대저 젖을 저으면 엉긴 젖이 되고 코를 비틀면 피가 나는 것같이
> 노를 격동하면 다툼이 남이니라 잠언 30:33

지혜자는 분노의 결과가 다툼뿐임을 강조합니다. 평온을 잃어버린 마음은 지혜롭지 못한 말과 행동을 하게 되기 때문입니다.

> 너는 악을 갚겠다 말하지 말고 여호와를 기다리라 그가 너를 구원하시리라 잠언 20:22

> 너는 그가 내게 행함 같이 나도 그에게 행하여 그가 행한 대로 그 사람에게 갚겠다 말하지 말지니라 잠언 24:29

> 네 원수가 배고파하거든 음식을 먹이고 목말라하거든 물을 마시게 하라 …… 여호와께서 네게 갚아 주시리라 잠언 25:21-22

또한 분노하는 마음으로 복수를 생각지 말고 하나님께 모든 것을 맡기라고 이야기합니다. 아무리 억울하고 내 분노가 정당하다 해도 "그 사람이 나에게 이런 일을 했으니 나도 똑같이 갚아주겠다"고 말하지 말라고 합니다. 한 걸음 더 나아가 오히려 원수에게 사랑을 베

풀라고 제안합니다. 왜냐하면 하나님께서 모두 알고 계시기 때문입니다. 모든 사정과 내 마음을 아시는 하나님께서 알아서 갚아주신다는 것입니다.

분노는 이렇듯 우리가 경계해야 할 마음입니다. 하지만 긍정적으로 작용하는 분노도 있습니다. 바로 나의 잘못을 대할 때입니다. 우리는 대개 남을 향해서는 빨리 분노하면서도 정작 내 문제에 대해서는 좀처럼 분노하지 않습니다. 하지만 다른 사람에게 분노하기 전에 먼저 내 죄악, 내 못된 모습을 향해 분노할 줄 알아야 합니다. 그래야 성숙한 사람이 됩니다.

4. 거짓의 입을 통제하라

다른 사람을 비방하고 싶을 때, 혹은 나의 행함을 과장하거나 속이고 싶을 때 우리는 거짓말에 대한 유혹에 빠집니다. 하지만 아무리 작고 사소하다 해도 거짓말을 해서는 안 됩니다.

> 거짓 증인은 벌을 면하지 못할 것이요 거짓말을 뱉는 자는 망할 것이니라 잠언 19:9

거짓의 입을 통제하지 않으면 반복해서 거짓을 말하게 됩니다. 일종의 습관이 되어버립니다. 게다가 한 번 뱉은 거짓말은 점점 부풀려지게 마련입니다. 세상에 수많은 유언비어가 떠도는 이유는 다 거짓의 입을 통제하지 않았기 때문입니다.

> 입과 혀를 지키는 자는 자기의 영혼을 환난에서 보전하느니라
> 잠언 21:23

우리에겐 입을 통제할 줄 아는 지혜가 필요합니다. 지혜자는 환난 가운데 보호받는 방법은 입과 혀를 지키는 것이라고 이야기합니다. 그만큼 말의 문제로 인해 어려움에 처하는 사람이 많습니다. 별생각 없이 던진 거짓말 하나가 그 사람을 곤경에 빠뜨리고, 꿈을 향해 가는 그의 길을 가로막기도 합니다.

하지만 우리가 목표를 향해 열심히 살고, 삶의 많은 부분을 바람직하게 통제하기 위해 노력하더라도 그것이 반드시 성공으로 이어지는 것은 아닙니다. 우리의 수고와 노력만으로 일의 결실을 맺을 수 있는 것은 아니기 때문입니다.

> 너는 내일 일을 자랑하지 말라 하루 동안에 무슨 일이 일어날지

네가 알 수 없음이니라 잠언 27:1

"Yesterday is history. Tomorrow is a mystery. Today is a gift, that's why they call it the present(어제는 역사다. 내일은 신비다. 오늘은 선물이다. 그래서 사람들은 오늘을 선물이라고 한다)"라는 말이 있습니다. 'present'라는 단어에는 두 가지 뜻이 있습니다. 하나는 '현재'이고, 다른 하나는 '선물'입니다. 그래서 '현재'는 곧 '선물'이라고 말할 수 있습니다.

분명히 어제는 지나간 역사입니다. 어제를 오늘로 끌어올 수는 없습니다. 그리고 내일을 알 수 있는 사람은 없습니다. 오늘 내가 아무리 많이 가졌다 해도 내일 역시 탄탄대로를 걸으리라는 보장은 없습니다. 우리의 미래는 오직 하나님께 달려 있습니다. 이는 아무것도 안 해도 된다거나, 할 필요가 없다는 뜻이 아닙니다. 삶을 바라보는 마음가짐과 삶을 살아가는 방법에 관한 것입니다.

지나간 일을 바꿀 수 없고 내일 무슨 일이 일어날지 알 수 없다면, 우리가 할 일은 한 가지뿐입니다. 오늘을 열심히 감사하는 마음으로 살아가는 것입니다. 다른 사람을 사랑하고 도우며 살아가는 것입니다. 모든 것을 하나님께 맡기고 하나님의 인도하심을 기대하면서 사는 것입니다. 하나님을 신뢰하고 인정하면 하나님께서 내 인생을 인도해주실 것이기 때문입니다. 이런 사실을 아는 것이 참된 지혜입니다.

인생의 길이 열리는 곳, 마음

우리는 인생 마지막까지 꿈을 꿉니다. 하나님은 우리 모두에게 꿈을 주셨습니다. 그 꿈을 이루기 위해 때로는 오래 참아야 하고, 많은 순간 자기 자신을 절제해야 합니다. 그래야 꿈을 실현할 수 있습니다. 그렇지 않으면 꿈은 꿈으로, 그저 한순간의 환상으로 지나가 버릴 것입니다.

나에게 주신 꿈을 이루기 위해 우리는 무엇보다 마음을 붙들 수 있어야 합니다. 마음이 가는 방향으로 우리의 인생도 흘러가기 때문입니다. 그런데 마음을 통제한다는 게 생각처럼 쉽지는 않습니다. 세월이 흐른다고 해서 저절로 할 수 있는 것도 아닙니다. 아무리 나이가 들어도 우리 속에는 절제하지 못하고 제어하지 못하는 마음이 있습니다. 지금도 우리 주변에는 그런 약한 마음의 벽을 무너뜨리기 위해 호시탐탐 노리는 것들이 많습니다. 그래서 우리는 끊임없이 하나님께 의지해야 합니다.

"하나님, 제게 하나님을 사랑하고 이 땅에 정의와 공의를 세우는 꿈을 주세요. 그리고 그 꿈을 향해 전진할 수 있도록 마음을 통제하는 힘과 결단의 용기를 주세요."

예수 믿는 사람들은 근심이 없고 위기를 모르는 사람이 아닙니다. 어려움과 고난도 만나고 아픔도 있지만, 그 모든 것을 주님께 맡기면서 하나님이 주시는 즐거움과 기쁨을 소유하며 누리는 사람입니다. 상황에 지배받지 않고, 하나님 중심의 마음가짐으로 상황을 이끌며 변화시키는 사람입니다. 마음에서 인생의 길이 열린다는 것을 알고 있는 사람입니다.

지금 바로 욕심과 시기심, 분노와 거짓을 버리고 기쁨과 감사의 마음으로 살아가겠다고 선택하십시오. 마음의 방황을 멈추고, 즐거움의 자리에 마음을 두기로 결정하십시오. 그 선택이 내 인생을 새롭게 바꾸기 시작할 것입니다. 인생을 잔치로 바라보는 것이야말로 하나님이 우리에게 주신 소중한 삶의 태도입니다.

| 나에게 던지는 질문 |

1. 내가 자주 빠져드는 마음의 자리와 그 이유는 무엇입니까? (예: 무력감, 우울, 게으름 등)

---

2. 나에게는 어떤 꿈이 있습니까? 그 꿈을 이루는 데 내 마음의 자리가 방해를 한다고 생각합니까?

---

3. 꿈을 이루기 위해 어떤 마음을 가지고 어떤 노력을 해야 할지 구체적으로 적어봅시다.

Lesson 09 마음

무엇이 마음을 지배하는가에 따라 상황을 바라보는 눈이 달라져 두려울 수도 있고, 즐거울 수도 있습니다. 상황이 나를 주도하게 할 것인지 아니면 내가 상황을 주도할 것인지 선택하십시오. 결국 마음가짐의 문제입니다. 지금 당신의 마음은 어디로 향하고 있습니까?

1 마음가짐이 중요하다

마음에 즐거움이 있으면 얼굴에 빛이 납니다. 환경에 의한 즐거움이 아닌 상황을 넘어서는 마음의 즐거움입니다. 즐거운 마음은 몸을 치유하고 변화시킵니다. 몸에 좋다는 보약을 먹어도 마음이 즐겁지 않으면 몸을 강건하게 만들지 못합니다. 마음가짐 자체가 몸에 약이 될 수도, 독이 될 수도 있기 때문입니다. 우리는 마음을 지켜야 합니다. 마음이 무너지면 모든 것이 무너지고, 마음이 견고하면 모든 것을 지켜낼 수 있습니다.

2 목표를 이루기 위한 삶의 태도

인생의 목표를 이루기 위해서는 집중력, 지속성, 자기 통제라는 삶의 태도가 필요합니다. 집중하지 않고는 창조적 역사를 일궈낼 수 없고, 아무리 집중력이 있어도 지속되지 않으면 결실을 맺기 어렵습니다. 집중력과 지속성을 꿈과 연결하면 마음에 품은 꿈이 현실이 됩니다. 마지막으로 분별력이 전제된 자기 통제가 필요합니다.

3 인생이 흘러가는 곳, 마음

무엇보다 마음을 붙들 수 있어야 합니다. 마음이 가는 방향으로 우리의 인생도 흘러가기 때문입니다. 그런데 마음을 통제한다는 게 생각처럼 쉽지는 않습니다. 지금도 우리 주변에는 그런 약한 마음의 벽을 무너뜨리기 위해 호시탐탐 노리는 것들이 많습니다. 그래서 우리는 끊임없이 하나님께 의지해야 합니다.

Lesson 10
다른 사람을 위한
리더가 되라

> 사람을 두려워하면 올무에 걸리게 되거니와
> 여호와를 의지하는 자는 안전하리라 잠언 29:25

듣는 마음이 리더십이다

존 맥스웰은 그의 책 《지도자의 코드》에서 지도자의 일곱 가지 덕목을 제시합니다. 그중 저자가 가장 중시하는 지도자의 덕목은 "자기 자신의 유익을 추구해서는 안 된다"입니다. 자신의 유익을 추구하는 것은 모든 리더와 리더가 되고자 하는 사람이 가장 빠지기 쉬운 유혹이라고 할 수 있습니다.

지도자는 공동체와 그 안에 속한 사람들에게 강력한 힘을 행사할 수 있습니다. 그래서 지도자가 자기 유익과 권력 유지를 최우선으로 생각하면 매우 치명적인 문제를 일으킵니다. 공동체가 겪고 있는 고통을 감지하지 못하고 어떤 리더십을 발휘해야 하는지 알지 못합니다. 권력을 유지하기 위해 무고한 사람들을 희생시킬 수도 있습니다. 우리는 이미 여러 독재 정권들로부터 그 위험성과 폐단을 보지 않았습니까?

42년간 리비아를 철권통치 했던 무아마르 카다피의 비참한 최후도 그중 하나입니다. 그는 독재 정권을 유지하기 위해 자기 가족을 정부 각료로 임명하고, 나라 재산을 개인 소유처럼 사용했습니다. 수많은 사람의 인권을 탄압하고, 국제적 테러를 지원하는 등 반인도적 범죄를 서슴지 않았습니다. 결국 리비아 국민은 그의 독재에 분노했습니다. 그리고 그 분노가 어떤 결과를 가져왔는지 우리는 잘 알고 있습니다.

사람들이 원하는 지도자는 자신의 유익과 정권욕을 내세우는 사람이 아니라 공동체의 유익을 위해 애쓰는 사람입니다. 지도자 됨을 자랑하는 사람이 아니라, 그 자리가 갖고 있는 진정한 의미와 역할에 대해 깊이 생각하며 실천하는 사람입니다. 그렇다면 진정한 지도자는 어떤 마음을 가져야 할까요? 바로 듣는 마음입니다.

대중 앞에서 자기 의견을 말하는 것을 어려워하는 사람이 많습니다. 하지만 말하는 것보다 더 어려운 일은 듣는 것입니다. 내가 하는 말은 내 생각, 내 이야기이지만, 듣는 말은 다른 사람의 생각, 다른 사람의 이야기이기 때문입니다. 또한 다른 사람의 말을 듣기 위해서는 기본적으로 '공감'이 필요합니다. 단순히 누군가가 하는 말을 듣는 것으로 그치는 게 아니라, 그 사람의 감정에 나도 그렇다고 느끼는 것입니다. 감정을 공유하는 것입니다. 결국 우리가 마음으로 듣는다는 것은 상대방의 아픔을 내 아픔으로 여기겠다는 뜻이기도 합니다.

그래서 옛 현인들은 지도자의 가장 중요한 덕목으로 '듣는 것'을 꼽았습니다. 듣지 않고서는 다른 사람의 아픔과 고민을 알 수 없습니다. 다른 사람의 어려움을 알 수 없다면, 공동체를 이끄는 자리에 앉을 수 없습니다. 따라서 듣는 마음은 곧 '리더십'이라고 할 수 있습니다.

성경에도 듣는 마음을 중시한 지도자가 나옵니다. 바로 '지혜의 왕'이라 일컫는 솔로몬입니다. 하나님은 솔로몬이 왕좌에 올랐을 때, 무엇이든 원하는 것을 주겠다고 말씀하셨습니다. 그때 솔로몬이 구한 것은 오직 하나, '듣는 마음'이었습니다.

> 누가 주의 이 많은 백성을 재판할 수 있사오리이까 듣는 마음을 종에게 주사 주의 백성을 재판하여 선악을 분별하게 하옵소서
>
> 열왕기상 3:9

솔로몬은 장수나 물질의 풍요, 원수의 멸망을 구할 수도 있었습니다. 그런데 왜 다른 능력이나 축복이 아닌 듣는 마음을 구했을까요?

권력자는 강력한 힘을 가진 자리에 앉은 사람입니다. 다른 사람에게 영향을 미칠 뿐만 아니라 사람을 내 뜻대로 조종할 수 있는 자리입니다. 이런 자리에 앉은 자에게 듣는 마음이 없다면, 그는 자기가 가진 힘을 파괴적으로 사용할 수 있을 것입니다. 하지만 솔로몬은 자신에게 맡겨진 사람들이 하나님의 백성이라는 것을 알고 있었습니다. 그들은 자신이 소유한 백성이 아니라, 하나님의 거룩한 백성이라는 사실을 말입니다.

이렇듯 듣는 마음을 갖는다는 말은 권력을 가진 자신보다 더 큰 권력을 가지신 분이 있다는 것을 안다는 의미입니다. 솔로몬은 크신 하나님을 기억했기 때문에 지도자 자리에 올라서도 겸손할 수 있었던 것입니다.

하나님께서는 이런 마음을 가진 솔로몬을 귀히 여기셨습니다. 그리고 그가 구한 대로 듣는 마음을 주시고, 하나님이 베푸신 지혜로 이스라엘 백성을 하나님의 뜻으로 다스릴 것을 요구하셨습니다. 그러나 하나님의 은총을 받은 솔로몬은 처음 마음을 끝까지 지키지 못하고 결정적인 순간에 무너지고 말았습니다. 하나님에 대한 믿음과 지혜를 잃어버리자, 그는 권력을 자기 자신의 야망과 쾌락을 위해 사용하게 되었습니다.

솔로몬뿐 아니라 위대한 지도자 다윗에게도 이기적인 욕심이 있었습니다. 그는 자기 부하의 아내를 취하고, 그것도 모자라 그 남편을 사지로 몰아넣는 치명적인 실수를 저질렀습니다. 이 얼마나 끔찍한 잘못입니까? 그런데도 하나님께서는 다윗을 귀히 여기시고 그 후손을 영원히 보살피겠다고 약속하셨습니다. 그 까닭은 무엇일까요? 바로 듣는 마음 때문입니다. 다윗은 나단 선지자가 잘못을 지적하자 그 소리를 하나님의 음성으로 듣고 하나님 앞에 기꺼이 무릎을 꿇었습니다. 자신이 저지른 죄악이 하나님께 징계를 받을 짓이라는 것을 인정한 것입니다. 다윗은 무릎을 꿇음으로써 하나님을 경외하는 마음을 마지막 순간까지 간직했습니다. 이것이 다른 지도자와 다윗의 차이점입니다.

다윗에게는 지혜가 있었습니다. 여기서 말하는 지혜는 '똑똑하다, 술수를 잘 쓴다, 사람의 마음을 제어하는 능력이 있다'는 뜻이 아니라, 하나님을 두려워할 줄 아는 마음입니다. 이는 하나님이 기뻐하시는 참 지혜입니다. 다른 말로 표현하면, 기도할 줄 아는 마음이고 하나님의 말씀을 들을 줄 아는 마음입니다. 개인의 욕심만 채우면서 사는 것은 아닌지 늘 자신을 말씀에 비추어볼 줄 아는 마음입니다.

이 마음은 정치권력을 가진 사람에게도 필요하고, 돈과 재물이 있는 사람에게도 필요하고, 기업을 운영하는 사람에게도 필요합니다. 지식인에게도 필요하고, 영적 지도자에게도 필요하고, 한 가정을 이끄는 가장에게도 필요합니다. 어느 분야에서든 지도자라면 반드시 가져야 할 마음입니다. 지도자는 자기 자신을 위한 자리가 아니며, 다른 사람과의 관계에 지대한 영향을 미치는 자리이기 때문입니다. 그렇다면 듣는 마음을 지니지 못한 지도자에게는 어떤 위기가 닥칠까요?

리더가 주의할 점

우리는 종종 지도자들이 무너지는 것을 봅니다. 처음 마음을 지키지 못하고, 욕심과 교만으로 얼룩지는 모습을 봅니다. 왜일까요? 경계해야 할 것과 붙잡아야 할 것을 제대로 구별하지 못했기 때문입니다. 지도자라는 자리가 누구를 위한 것인지 바르게 인식하지 못했기 때문입니다. 그렇게 되면 지도자는 자기 자신뿐만 아니라 다른 사람에게도 해를 끼치고, 공동체에도 덕이 되지 못합니다. 그래서 지혜자는 세상의 모든 지도자가 반드시 명심해야 할 몇 가지 사항에 대해 이야기합니다.

1. 뇌물을 조심하라

뇌물은 '어떤 직위에 있는 사람을 매수하여 사사로운 일에 이용하기 위해 넌지시 건네는 부정한 돈이나 물건'을 말합니다. 결코 정당한 방법과 정직한 마음으로 주는 것이 아닙니다. 그래서 뇌물은 주든 받든 꺼림칙한 기분이 들게 합니다. 받은 사람은 무언가 빚을 진 기분이 들고, 준 사람은 무언가를 바라게 됩니다. 뇌물이 오가는 사회가 공평하지 못한 까닭이 여기에 있습니다.

> 뇌물은 그 임자가 보기에 보석 같은즉 그가 어디로 향하든지 형통하게 하느니라 잠언 17:8

뇌물을 주는 사람은 자기가 하고자 하는 일이 다 잘되리라는 생각을 가지고 있습니다. 받은 사람이 자기 요구를 들어주리라고 기대하기 때문입니다.

하지만 그 결과는 어떠합니까? 뇌물이 얼마나 많은 사람을 고통 속으로 몰아넣고 파멸시키는지 우리는 수도 없이 목격합니다. 잠시 동안은 자기가 원하는 대로 일이 진행되는 것처럼 보일 수도 있습니다. 그러나 뇌물은 결국 당사자에게 비수를 꽂게 됩니다. 그것은 예나 지금이나 마찬가지입니다.

> 악인은 사람의 품에서 뇌물을 받고 재판을 굽게 하느니라
> 잠언 17:23

뇌물을 받으면 빚진 마음이 들어 옳지 않은 방법으로라도 상대를 위해 뭔가를 해야 한다는 생각을 하게 됩니다. 그렇게 되면 형평성을 잃고 때로 옳지 않다는 것을 알면서도 잘못된 판단을 합니다. 마음의 중심이 흔들리는 것입니다. 더 큰 문제는 그로 인해 부당한 대우를 받거나 억울한 상황에 놓이는 또 다른 누군가가 생길 수도 있다는 것입니다.

> 왕은 정의로 나라를 견고하게 하나 뇌물을 억지로 내게 하는 자는 나라를 멸망시키느니라 잠언 29:4

그래서 뇌물이 흉흉하게 오가는 나라는 결국 멸망하고 맙니다. 뇌물이 오가는 사이, 잠깐 반짝하는 결실을 얻을지라도 그것은 결코 하나님께서 주시는 축복이 아닙니다. 하나님에게서 비롯된 복이 아닌 이상 그것은 독이 됩니다. 그래서 성경은 뇌물을 좋아하지 말라

고 경고합니다.

그런데 예수를 믿는 사람도 하나님 앞에 뇌물을 드리려 하는 경향이 있습니다. 다시 말해, 헌금을 뇌물처럼 생각하는 경우가 있다는 이야기입니다.

"하나님, 제가 헌금을 꼬박꼬박 냅니다. 뭘 주시겠습니까?"

"하나님, 저는 십일조를 빠짐없이 냅니다. 제게 무슨 복을 주시겠습니까?"

"하나님, 감사 헌금을 내고 싶지만 감사할 게 있어야 감사 헌금을 내지요."

하나님과 일종의 거래를 하려는 것입니다. 하나님께 감사의 예물을 드리는 것이 아니라 내가 드리는 만큼, 아니 그보다 몇 십 배의 복을 달라는 조건을 내거는 것입니다. 이처럼 조건을 내걸고 무언가를 바라는 마음으로 하나님께 드리는 헌금은 뇌물과 다를 바 없습니다. 하나님이 이러한 헌금을 기뻐하실 리 없습니다. 감사와 기쁨을 담아 자원하는 마음으로 드릴 때, 하나님은 기쁘게 받으시고 우리가 드린 것 이상의 선물을 주십니다.

2. 칭찬과 아첨을 구분하라

누구나 칭찬받는 것을 좋아합니다. 칭찬은 고래도 춤추게 한다는 말이 있지 않습니까? 그런데 이 엄청난 위력을 가진 칭찬의 이면에 아첨이 숨어 있습니다. 칭찬과 아첨은 경우에 따라 구별하기가 매우 어렵습니다. 그래서 이를 구별할 줄 아는 것이 지혜입니다. 이 둘은 분명히 다른 것입니다.

칭찬이 상대방의 본질을 올바르게 파악하고 장점을 드러내는 것이라면, 아첨은 상대방의 환심을 사기 위해 없는 말을 지어내거나 작은 것을 몇 배로 부풀리는 것을 뜻합니다. 즉, 돈을 건네는 것과 마찬가지로 아첨은 입으로 건네는 뇌물이라고 할 수 있습니다. 진정한 지도자는 이런 아첨과 칭찬을 구분할 줄 알아야 합니다. 이 두 가지를 구별하지 못하면 칭찬을 아첨으로 듣게 되거나, 또는 아첨을 칭찬으로 받아들이고 맙니다. 이것은 지도자에게 매우 위험한 일입니다.

> 친구의 아픈 책망은 충직으로 말미암는 것이나 원수의 잦은 입맞춤은 거짓에서 난 것이니라 잠언 27:6

사람을 경책하는 자는 혀로 아첨하는 자보다 나중에 더욱 사랑을 받느니라 잠언 28:23

잘 보이기 위해 달콤한 말로 아첨하는 자보다 옳지 못한 일 앞에서 "이것은 아닙니다", "이것은 잘못됐습니다"라고 곧은 말을 하는 사람이 결론적으로는 더 사랑을 받는다는 것입니다. 지도자는 자신을 향한 객관적 시각을 기꺼이 수용할 수 있어야 합니다. 가까운 사람의 책망에 마음이 아프더라도 그것을 귀 기울여 들을 수 있어야 합니다.

듣는 사람이 아프리라는 것을 알면서도 바른 충고를 할 줄 아는 이가 자기 주위에 있는 것은 인생의 큰 자산입니다. 반면 사탕발림을 너무 자주 늘어놓는 누군가가 있다면, 다시 한 번 잘 생각해봐야 합니다. 그것은 거짓일 확률이 높기 때문입니다. 어쩌면 그는 눈에 보이지 않는 뇌물을 건네는 것인지도 모릅니다.

3. 칭찬받을 때도 주의하라

칭찬을 받는다는 것은 매우 기분 좋고 기쁜 일입니다. 내가 인정받고 있다는 말이기 때문입니다. 하지만 칭찬을 받다 보면 마음이 우쭐해지고 어느 순간 그것을 당연히 여기게 되어 누군가가 자기를 알아주지 않으면 괜히 서운해합니다. 그래서 스스로 자신의 공(功)을 떠벌릴 때가 있습니다. 하지만 지혜자는 이것을 금하라고 이야기합니다.

> 타인이 너를 칭찬하게 하고 네 입으로는 하지 말며 외인이 너를 칭찬하게 하고 네 입술로는 하지 말지니라 잠언 27:2

다른 사람이 내 좋은 점이나 훌륭한 일을 높이 평가하는 것은 칭찬이지만, 그것을 스스로 드러내는 것은 자랑이며 과시입니다. 요즘은 자기 PR 시대라 자신을 어느 정도 솔직하게 표현할 줄 알아야 합니다. 하지만 "나는 이것도 잘하고 저것도 잘한다"는 식의 자화자찬은 조심해야 합니다. 점점 살이 붙어 사실보다 과장되는 경우가 생기기 때문입니다.

> 도가니로 은을, 풀무로 금을, 칭찬으로 사람을 단련하느니라
> 잠언 27:21

칭찬받을 때도 조심해야 합니다. 칭찬의 본래 역할은 사람을 단

련하는 것이기 때문입니다. 듣는 사람을 오만하게 만들고 자기 성취감에 빠져들게 하는 것이 아니라, 본받을 만한 사람이 되어야겠다고 새롭게 다짐하도록 하는 것이 칭찬입니다. 그래서 칭찬을 받을 때마다 '내가 그런 칭찬을 받을 만한 사람인가?' 하고 자신을 돌아보는 것이 필요합니다. 칭찬 앞에서 부끄러운 사람이 되지 않도록 노력하는 자세가 필요합니다.

4. 거짓을 버리고 정의를 행하라

때로는 바른 말과 옳은 일을 함으로써 사람의 미움을 살 수도 있습니다. 모두가 올바른 행동을 좋아하는 것은 아니기 때문입니다.

> 불의한 자는 의인에게 미움을 받고 바르게 행하는 자는 악인에게 미움을 받느니라 잠언 29:27

하지만 옳은 일로 인해 미움을 받는 것은 걱정하지 않아도 됩니다. 오히려 불의를 보고도 가만히 있는 것이 문제입니다. 이는 하나님의 사람들이 취해야 할 자세가 아닙니다. 특히 지도자라면 더욱 그래서는 안 됩니다.

가만히 있는 것은 미움도, 칭찬도 안 받겠다는 뜻일 뿐입니다. 이는 자기의 삶뿐만 아니라 공동체의 삶을 방관하는 자의 자세입니다. 또는 자기 자리만 평탄하게 지키고 싶어 하는 이기심의 다른 모습입니다.

> 거짓 입술은 여호와께 미움을 받아도 진실하게 행하는 자는 그의 기뻐하심을 받느니라 잠언 12:22

> 지혜로운 왕은 악인들을 키질하며 타작하는 바퀴를 그들 위에 굴리느니라 잠언 20:26

지도자가 세상의 미움과 비난에 너무 연연해서는 안 됩니다. 오직 '하나님이 나를 어떻게 생각하실까?'라는 질문과 답에 열중해야 합니다. 사람들에게 미움을 받을 수도 있고, 칭찬을 받을 수도 있습니다. 하지만 하나님의 뜻을 확인했다면, 용기 있게 정의를 행할 줄 알아야 합니다. 그래야만 하나님이 원하시는 큰 그림을 향해 한 걸음 한 걸음 나아가는 공동체가 될 수 있습니다. 바로 그 일을 위해 지도자가 있는 것입니다.

5. 가난한 자를 돌아보라

지도자는 주변 사람을 돌아볼 줄 알아야 합니다. 가까이 있는 사람에 대해서는 일부러 신경 쓰지 않아도 그들의 삶과 필요를 알 수 있습니다.

하지만 노력해서 관심을 갖지 않으면, 지나치게 되는 사람들이 있습니다. 바로 연약한 자들입니다.

> 가난한 사람을 학대하는 자는 그를 지으신 이를 멸시하는 자요 궁핍한 사람을 불쌍히 여기는 자는 주를 공경하는 자니라 잠언 14:31

> 가난한 자를 조롱하는 자는 그를 지으신 주를 멸시하는 자요 사람의 재앙을 기뻐하는 자는 형벌을 면하지 못할 자니라 잠언 17:5

> 약한 자를 그가 약하다고 탈취하지 말며 곤고한 자를 성문에서 압제하지 말라 잠언 22:22

지도자라면 특별히 연약한 이들에게 관심을 가져야 합니다. 가난한 자를 학대하는 것은 하나님을 멸시하는 것과 마찬가지이고, 반대로 궁핍한 사람을 불쌍히 여기면 하나님을 공경하는 것이라고 지혜자는 가르치고 있기 때문입니다.

> 왕이 가난한 자를 성실히 신원하면 그의 왕위가 영원히 견고하리라 잠언 29:14

가난한 자를 성실하게 신원한다는 것은 그들의 아픔을 듣고 해결해준다는 뜻입니다. 여기서 가난한 자란 형편이 어려운 사람뿐만 아니라 노인이나 장애인, 소년소녀 가장처럼 병약하고 도움이 필요한 사람을 지칭할 수 있습니다. 혹은 외국인 노동자들을 떠올릴 수도 있습니다. 이들의 공통점은 사회적 약자라는 것입니다. 지도자가 가난하고 고통 받는 사람들의 원한을 풀어줄 수 있으면 국가와 그 공동체가 견고해집니다. 그만큼 약한 사람을 돌보는 것은 중요한 일이며, 하나님께서 기뻐하시는 일이라는 뜻입니다. 그러므로 모름지기 지도자의 자리에 있는 사람은 연약한 사람들을 향해 넉넉한 마음을 가질 필요가 있습니다. 이런 지도력을 가진 사람이 진정한 리더입니다.

더 큰 권위를 가진 분이 계신다

> 묵시가 없으면 백성이 방자히 행하거니와 율법을 지키는 자는 복이 있느니라 잠언 29:18

여기서 '묵시'는 하나님의 말씀을 뜻합니다. 다른 말로 '계시'라고도 하는데, 하나님을 두려워하는 마음을 의미합니다. 즉, 하나님의 말씀과 하나님을 두려워하는 마음이 없으면 백성이 교만해지고 방자해진다는 것입니다.

하지만 하나님의 말씀을 듣고 지키는 자는 어떠합니까? 그에게는 복이 있다고 성경은 약속합니다. 따라서 지도자는 하나님의 법을 제시할 수 있어야 합니다. 사람들이 하나님의 질서대로 살아갈 수 있도록 이끌어주어야 합니다.

그러려면 먼저 지도자 자신이 하나님의 말씀을 들을 수 있어야 하고, 하나님을 향한 경외감을 가져야 합니다. 하나님이 주신 두 가지 복인 말씀과 기도가 함께할 때, 하나님의 강력한 에너지와 능력이 지도자를 도울 것입니다.

하나님께서는 우리에게 사람이나 환경을 두려워하지 말라고 말씀하십니다. 물론 우리는 미래를 준비하고 위험에 대비해야 하지만, 걱정과 염려가 그 근본이 되어서는 안 됩니다. 근심은 뼈를 마르게 하고, 심령을 상하게 할 뿐입니다. 지도자가 사람이나 환경만을 바라보면, 근심과 염려는 계속될 수밖에 없습니다. 하지만 나보다 더 큰 권위를 가지신 분이 나를 지켜본다는 사실을 깨달으면 넉넉한 마음을 간직할 수 있습니다.

영적 지도자와 국가 권력자 그리고 기업가들이 실족하는 이유가 무엇이라고 생각하십니까? 결국 자신보다 더 큰 권위를 가진 분이 계시다는 사실을 깨닫지 못하기 때문입니다. 자신이 최고라고 생각해 이기적인 욕망을 제대로 다스리지 못하기 때문입니다.

> 나로 말미암아 왕들이 치리하며 방백들이 공의를 세우며 나로 말미암아 재상과 존귀한 자 곧 모든 의로운 재판관들이 다스리느니라 잠언 8:15-16

하나님으로 말미암아 왕도, 재상도, 재판관도 존재하는 것입니다. 모든 것 위에 하나님이 계시며, 모든 것이 하나님을 통해 이루어지는 것입니다. 이것을 깨닫는 것이 지혜입니다. 이 지혜를 가져야만 진정한 지도자가 될 수 있습니다.

그렇다면 이 지혜를 구하기 위해 지도자는 어떻게 해야 할까요?

마음을 다해 하나님을 의지하고 신뢰해야 합니다. 사람보다 하나님을 두려워해야 합니다.

유일한 두려움의 대상

> 사람을 두려워하면 올무에 걸리게 되거니와 여호와를 의지하는 자는 안전하리라 잠언 29:25

사람을 두려워하면 거기에 붙잡힙니다. 그러면 정치도 할 수 없고, 기업도 운영할 수 없습니다. 100명이 모이면 100가지 말을 하는 것이 세상의 이치입니다. 똑같은 것을 보고도 다르게 반응하는 것이 사람의 마음입니다. 그 모든 말에 휘둘리면 중심을 잡을 수 없습니다.

그러므로 지도자는 사람의 말보다 하나님이 기뻐하시는 것, 하나님이 원하시는 것을 향해 마음을 열어야 합니다. 먼저 사람이 아닌 하나님의 인정을 받기 위해 노력해야 합니다. 하나님께 인정을 받아야 사람들에게도 인정을 받고, 유혹이 다가와도 이겨낼 수 있기 때문입니다.

사람은 두려움의 대상이 아니라 사랑의 대상입니다. 하나님께서 우리 한 사람 한 사람 모두를 하나님의 형상으로 지어주셨기 때문입니다. 사람을 귀히 여기고 존중하는 것은 아름다운 일입니다. 때로 안쓰럽게 여기며 돕는 것도 하나님 보시기에 귀한 것입니다. 하지만 어느 순간에도 사람이 두려움의 대상이 되어서는 안 됩니다. 이것은 매우 중요합니다.

오직 하나님만이 우리가 두려워해야 할 대상입니다. 하나님만이 모든 것 위에 계신 지도자이시며, 왕이시기 때문입니다. 그래서 하나님 앞에서는 무릎을 꿇고 머리를 숙이는 것입니다. 하나님 앞에서 나는 아무것도 아니라는 사실을 깨달을 때, 겸손할 수 있습니다. 그때 내 안에 있는 분노를 다스릴 수 있고, 세상이 주지 못하는 평안과 만족을 누릴 수 있습니다. 이기심을 버릴 수 있고, 사람들의 시선에서 자유로울 수 있습니다. 이런 마음이 지도자로 하여금 늘 겸손하게 하고, 늘 기도하게 하고, 늘 감사하게 합니다. 그리고 그런 마음을 가진 지도자를 하나님은 귀하게 사용하십니다. 이것은 지도자에게만 해당하는 이야기가 아닙니다. 모든 그리스도인이 인생을 아름답게 살아가는 방법입니다.

> 하나님의 말씀은 다 순전하며 하나님은 그를 의지하는 자의 방패시니라 잠언 30:5

'하나님을 의지하는 자는 안전하다.' 이는 매우 중요한 삶의 철칙입니다. 정치인이든, 기업인이든, 경제인이든, 교육자든 지도자 자리에 앉아 있는 사람은 하나님을 의지해야 합니다. 그러면 하나님은 방패가 되어주겠다고 약속하십니다. 유일하게 두려워해야 할 대상을 방패로 삼는 사람이라야만 하나님의 새 역사를 이끌어가는 참된 지도자가 될 것입니다.

| 나에게 던지는 질문 |

1. 그동안 내가 생각했던 지도자의 덕목은 무엇입니까? 지혜자를 통해 새로 알게 된 지도자의 덕목이 있습니까?

   ----

2. 내가 생각하는 이 시대 지도자들의 문제점은 무엇입니까?

   ----

3. 나는 어떤 지도자를 원합니까? 만약 내가 지도자 자리에 오른다면 어떤 사람이 되기를 바랍니까?

Lesson 10 리더십

사람들이 원하는 지도자는 자신의 유익과 정권욕을 내세우는 사람이 아니라 공동체의 유익을 위해 애쓰는 사람입니다. 리더임을 자랑하는 사람이 아니라, 그 자리가 가진 진정한 의미와 역할에 대해 깊이 생각하며 실천하는 사람입니다. 진정한 지도자는 어떤 마음을 가져야 할까요? 지혜자는 세상의 모든 지도자가 명심해야 할 것들을 이야기합니다.

1 듣는 마음이 리더십이다

하나님은 솔로몬이 왕좌에 올랐을 때, 무엇이든 원하는 것을 주겠다고 말씀하셨습니다. '지혜의 왕' 솔로몬이 구한 것은 오직 하나, '듣는 마음'이었습니다. 다른 사람의 어려움을 들을 수 없다면, 공동체를 이끄는 자리에 앉을 수 없습니다. 그래서 듣는 마음은 곧 '리더십'이라고 할 수 있습니다.

2 리더가 주의할 점

뇌물이 흉흉하게 오가는 나라는 결국 멸망하고 맙니다. 뇌물은 주든 받든 꺼림칙한 기분이 들게 합니다. 받은 사람은 빚 진 기분이 들고, 준 사람은 무언가를 바라게 됩니다. 돈을 건네는 것과 마찬가지로 아첨은 입으로 건네는 뇌물이라고 할 수 있습니다. 진정한 지도자는 아첨과 칭찬을 구분할 줄 알아야 합니다. 또한 칭찬받을 때도 조심해야 합니다. 칭찬의 본래 역할은 사람을 단련하는 것이기 때문입니다.

3 유일한 두려움의 대상

하나님께서는 사람이나 환경을 두려워하지 말라고 하십니다. 사람이나 환경을 바라보면, 근심과 염려는 계속될 수밖에 없습니다. 하지만 큰 권위를 가지신 분이 나를 지켜본다는 사실을 깨달으면 넉넉한 마음을 가질 수 있습니다. 모든 것 위에 계신 하나님만이 우리가 두려워해야 할 대상입니다. 유일한 경외의 대상을 방패로 삼는 사람이라야만 하나님의 새 역사를 이끌어가는 참된 지도자가 될 것입니다.

Lesson 11

배움과 훈련은
끝이 없다

지혜 있는 자에게 교훈을 더하라 그가 더욱 지혜로워질 것이요
의로운 사람을 가르치라 그의 학식이 더하리라 잠언 9:9

불공평을 이기는 힘, 교육

하나님께서 이스라엘 백성을 선택하실 때, 그들은 팔레스타인 땅을 유랑하던 작은 민족에 불과했습니다. 당시 권력을 장악하고 있던 민족들에 비하면 보잘것없고 초라한 사람들이었습니다. 하지만 하나님은 이스라엘 백성이 복의 근원이 될 것이라 약속하셨고, 그들을 복의 통로로 삼으셨습니다. 오늘날 유대인들은 세계 인구의 0.3퍼센트밖에 되지 않습니다. 그러나 세계사적으로 정치, 경제, 과학 분야에서 탁월한 업적을 쌓은 사람 중 50퍼센트가 유대인이라고 합니다. 노벨상 수상자 중에서 20퍼센트 이상이 유대인이라는 통계가 있을 정도입니다. 그렇다면 하나님께서 약속을 이루신 것일까요?

우리는 종종 세상이 공평하지 않다고 불평합니다. 세상은 '평등'이라는 가치를 말하지만, 우리는 평등하게 태어나지 않을 뿐만 아니라 공평하지 않은 사회 구조 때문에 좌절하기도 합니다. 모두에게 생명이 주어졌다는 사실은 공평하지만, 인생을 구성하는 것들은 공평하지 않기 때문입니다. 역사적으로 이스라엘 백성의 삶도 매우 불공평했다고 말할 수 있습니다. 무엇보다 그들은 아주 작은 민족이었습니다. 누가 봐도 별 볼일 없는 백성이었습니다. 그러나 하나님께서는 그들을 선택하셨고, 역사는 그들에게 많은 것을 안겨주었습니다. 말하자면 태생적 불공평을 넘어서 역사상 큰 변화를 일으킨 민족이 이스라엘 백성이었습니다. 도대체 그것을 가능케 한 힘은 무엇일까요?

저는 성경을 볼 때마다 이런 생각을 합니다.

'동쪽에 있는 아주 작은 나라. 일본보다 작은 나라. 중국에 비하면 너무 작아서 보이지도 않는 나라. 대한민국이라는 이 나라가 지정학적 불공평을 극복하는 방법은 무엇일까? 또 내 자신이 초라하게 느껴지고 불공평의 피해자라고 여겨질 때, 이것을 넘어서는 힘은 어디서 오는 것일까?'

불우한 환경을 운명처럼 받아들일 수도 있습니다. 한 인간이라면 부조리한 사회 질서를 탓할 수 있고, 한 국가라면 불리한 지정학적 여건을 탓할 수 있습니다. 환경과 여건에 얽매인 채 피해 의식에서 헤어나지 못하고 불평등한 상황에 맹렬한 분노를 느낄 수도 있습니다. 그런데 하나님께서는 불리한 여건을 이겨내는 길을 우리에게 허락하셨습니다. 그것은 바로 교육입니다. 한국 사회가 교육에 그토록 관심이 많은 까닭은 우리 부모 세대들이 늘 불공평 속에서 살아왔기 때문입니다. 힘 있는 사람들, 많이 배운 사람들에게 조롱을 받아온 뼈아픈 기억 때문에 자녀 교육에 대한 열망이 생긴 것입니다.

배움은 하나님 백성의 사명

그런데 배움은 단지 불공평한 사회에서 당한 피해를 보상받기 위한 수단이 아닙니다. 이스라엘 백성은 배움을 출세의 도구나 편리한 삶을 위한 과정으로 보지 않았습니다. 배움이란 하나님의 백성에게 사명이라는 사실을 그들은 알고 있었습니다. 하나님은 이스라엘 백성에게 '가르침과 배움'이라는 사명을 주셨습니다. 우리는 이스라엘 사람들이 천부적인 재능과 월등한 지능을 타고났다고 생각하는 경향이 있습니다. 하지만 그들이 사회 각층에서 탁월함을 보일 수 있는 까닭은 배우고 공부하는 백성이 되라는 하나님의 명령을 올곧게 실천했기 때문입니다.

유대인은 모세를 통해 전달된 하나님의 명령을 철저하게 새겼습니다. 가는 곳마다 가장 먼저 회당을 세웠고, 회당은 '가르침과 배움'의 현장이 되었습니다. 흥미로운 것은 가정교육을 담당한 사람이 아버지라는 것입니다. 어머니를 통해 신앙을 전수하기는 했지만, 전체적인 교육을 이끈 것은 아버지였습니다. 아버지는 삶의 어느 현장에서든 자녀들에게 하나님이 주신 계명과 그들이 받은 은혜를 가르쳤습니다.

이스라엘 교육의 핵심은 하나님을 경외하는 것입니다. 그들은 하나님을 경외하는 것이 모든 지식과 지혜의 근본이라고 가르쳤습니다. 그리고 하나님을 경외하는 마음으로 모든 것을 배우면, 하나님의 지혜와 능력이 드러난다는 것을 깨달았습니다. 이스라엘 교육의 이런 점은 특별히 기독교 공동체에 소중한 교훈이라고 생각합니다.

이스라엘 백성은 남들보다 뛰어난 것이 아니라 남들과 다르게 사는 것을 교육의 초점으로 삼았습니다. 남들만큼 가지 않으면 뒤떨어지는 것이라고, 남들과 달리 가면 실패할 것이라고 생각하지 않았습니다. 사람들은 보통 자신에게 익숙한 패턴대로 살아갑니다. 대개 이 패턴은 사회 안에서 오랫동안 통용되어온 방식이기 때문에 사람들은 이 패턴을 유지하고 따를 때 심리적인 안정감을 느낍니다. 교육도 마찬가지입니다. 다른 사람들이 어떻게 공부하는지 눈여겨보고, 그 방식을 비슷하게 따라 합니다. 그러나 이스라엘 백성은 자녀를 교육할 때 남이 생각하지 않는 방식으로 생각하도록 가르칩니다. 남들과 다른 창의적인 방식으로 생각하게끔 하고, 남들과 다른 길을 걷도록 안내한다는 뜻입니다. 어떻게 이것이 가능할까요? 그것은 창조주 하나님께서 우리의 생김을 다르게 하셨듯이 각자의 길을 달리하셨다고 믿기 때문입니다.

특별히 이스라엘 교육의 또 다른 교훈은 '생각하는 것'에 있습니다. 그들은 말씀을 달달 외우면서도 '생각'을 매우 중시합니다. 예루살렘의 '통곡의 벽' 앞에서는 성경을 암송하는 이들을 쉽게 찾아볼 수 있습니다. 그들은 통곡의 벽뿐 아니라, 거리와 가정과 학교에서도 말씀을 꾸준하게 암송합니다. 하지만 이들의 목적은 단지 성경을 암송하는 것이 아니라 말씀을 묵상하는 것입니다. 말씀을 묵상하고 또 묵상합니다. 다시 말해, 생각하고 또 생각합니다. 말씀에 기초해 나는 어떤 사람이 되어야 할까, 무엇을 할까를 생각하는 것입니다. 창의적인 생각은 바로 여기에서 비롯된 것입니다.

그래서 배움은 즐겁습니다. 새로운 것을 생각할 수 있기 때문입니다. 생각하기 때문에 즐겁고, 하나님께서 자신에게 주신 고유한 특성을 찾아내 계발하기 때문에 즐겁습니다. 하기 싫은 것을 억지로 하는 것이 아니라서 즐겁고, 내 삶과 신앙에 밀착된 지식을 배우기 때문에 즐겁습니다. 만약 우리 중 누군가가 배우는 게 즐겁다는 것을 체득한다면 이 세상에서 그 사람을 당해낼 자는 많지 않을 것입니다. "아는 사람은 좋아하는 사람을 당해낼 수 없고 좋아하는 사람은 즐기는 사람을 당해낼 수 없다(知之者不如好之者 好之者不如樂之者)"는 말은 비단 논어에서만 가르치는 것이 아닙니다. 기쁘게 배우며 일하는 사람, 배움 자체를 즐기는 사람을 당해낼 사람은 없습니다. 배움을 하나님이 주신 사명으로 알고 감사와 즐거움을 배워가는 사람이 넘어서지 못할 게 무엇이겠습니까? 그런 사람에게 하나님께서는 더 큰 배움의 기쁨과 생각하는 힘을 주실 것입니다.

하나님께서는 예수 그리스도 안에서 하나님의 백성이 된 우리에게도 배움이라는 사명을 주셨습니다. 배움을 통해 누릴 수 있는 유익과 기쁨을 주셨습니다. 세상이 아무리 불공평해도 하나님의 은총과 은혜는 공평합니다. 우리가 예수 그리스도를 믿음으로써 하나님의 자녀가 된 것도 공평한 은혜이지만, 가르침과 배움을 통해 누릴 수 있는 유익 역시 하나님의 공평한 은총입니다.

인생이 곧 공부이다

흔히 우리나라의 교육은 획일적이고 정형화되어 있어 개개인의 능력을 개발하는 데 어려움이 있다고들 합니다. 틀이 잡혀 있는 교육에서 벗어나면 낙오자로 취급받고, 이단자나 말썽꾸러기로 낙인찍히곤 합니다. 자율성과 창의성을 최고의 가치로 삼는 이스라엘의 교육과는 매우 다른 모습입니다. 언젠가 한 청년이 이런 말을 한 적이 있습니다.

"저희 부모님은 늘 공부를 열심히 해서 좋은 대학의 좋은 과에 들어가라고 하셨습니다. 그런데 왜 그 대학에 들어가야 하는지, 그 대학에 들어가서 어떤 인물이 되어야 하는지를 말씀해주지는 않으셨습니다."

이것이 우리 교육의 문제입니다. 우리는 어떤 대학에 들어가야 할지, 그 대학에 들어가려면 어떤 방식으로 공부해야 하는지에 대해서만 관심을 갖고 있습니다. 부모님이든, 교사든, 학생이든 이 문제에 대한 답을 찾느라 혈안이 되어 있습니다. 하지만 왜 그 대학에 들어가야 하는지, 왜 그 공부를 해야 하는지, 어떤 꿈과 비전을 가지고 인생을 펼쳐나가야 하는지에 대해서는 이야기하지 않습니다. 현실적인 문제 때문에 근본적인 문제를 방치한 셈입니다. 그러다 보니 공부가 싫어지고, 공부하라는 부모님의 말을 잔소리처럼 듣게 되었습니다. 게다가 공부라는 개념 자체도 왜곡되고 말았습니다. 공부를 단지 대학 입시를 위한 수단으로만 여기고, 학생 시절에 한시적으로만 하는 것으로 생각하게 되었습니다.

그러나 사는 것이 곧 공부입니다. 밥을 먹는 것도 공부이고 일하는 것도 공부입니다. 쉼을 갖는 것도 공부, 심지어는 자는 것도 공부입니다. 삶이란 배우고 익히는 과정이므로 살아가는 모든 모습이 다 공부입니다. 입시에서 떨어지고, 사업에서 실패하고, 직장에서 쫓겨난 경험이 있습니까? 그것이 얼마나 큰 인생의 공부가 되었습니까? 인생에서 공부가 아닌 것은 없습니다.

예수님을 믿는 것도 공부의 연속입니다. 성경을 보면 처음부터 마지막까지 전부 공부입니다. 믿음이 생기면서부터 공부가 시작됩니다. 가장 먼저 하나님은 어떤 분이신가, 예수님은 왜 이 땅에 오셨는가, 인간인 나는 어떤 존재인가, 시간과 역사의 의미는 무엇인가를 배웁니다. 인간관계는 어떻게 해야 하는지, 신앙은 어떻게 유지해야 하는지, 무엇을 통해 내 삶을 경건하고 아름답게 만들어가야 하는지 생각하고 깨닫게 됩니다. 이 모든 것에 대해 질문을 하고, 하나님께서 주신 지혜를 통해 답을 얻는 것이 기독교 신앙입니다. 그렇기 때문에 예수님을 믿는다는 것은 예수님을 통해 삶의 모든 부분을 공부하는 것이며, 예수님처럼 살아가기 위해 노력하는 것입니다. 이것은 단순히 머리로만 하는 것이 아닙니다. 지성과 감성과 의지를 동반한 공부이며, 사랑을 터득해가는 공부이고, 인격이 성숙되는 배움입니다. 또한 공부한 것을 삶으로 옮겨야 하기에 몸으로

동참하는 배움이기도 합니다.

　인생도 배움이고 예수님을 믿고 따라 사는 것도 공부라는 것을 알았다면, 이제 지혜자의 목소리를 들을 차례입니다. 지혜자는 공부하지 않는 인생에 대해 이렇게 탄식합니다.

> 두렵건대 마지막에 이르러 네 몸, 네 육체가 쇠약할 때에 네가 한탄하여 말하기를 내가 어찌하여 훈계를 싫어하며 내 마음이 꾸지람을 가벼이 여기고 내 선생의 목소리를 청종하지 아니하며 나를 가르치는 이에게 귀를 기울이지 아니하였던고 잠언 5:11-13

　배움을 싫어했습니까? 왕성하게 지식을 쌓아야 할 때 공부를 게을리 했습니까? 이런 사람들은 '진작 이렇게 했으면 좋았을 텐데' 하며 한탄합니다. 인생의 노년에 이르러 후회하지 말고, 지금 바로 배우라는 것이 지혜자의 교훈입니다. 가르치는 이에게 귀를 기울이고, 지금 당장 배움의 길을 걸으라고 충고합니다.

> 마땅히 행할 길을 아이에게 가르치라 그리하면 늙어도 그것을 떠나지 아니하리라 잠언 22:6

마땅히 따라야 할 삶의 원칙과 지혜는 어릴 때 배워야 습관이 되고 성품이 되어 우리 몸을 떠나지 않습니다. 성인을 변화시키기란 쉽지 않습니다. 삶의 연륜이 쌓여갈수록 새로운 경험과 배움에 마음을 열기가 어렵기 때문입니다. 지혜자의 지혜가 지성을 감동시켰다 하더라도 그것을 습관화하기는 결코 쉽지 않습니다. 그래서 지혜자는 어릴 때 가르치라고 말합니다. 어릴 때 배워야 하는 이유는 그뿐만이 아닙니다. 성인이 되어 최고의 성과를 얻은 인물은 대부분 어렸을 때부터 한 분야에 매진한 사람들입니다. 그만큼 인내하고 절제하며 가장 총명한 시기를 배움에 투자한 사람들입니다. 그런데 우리는 흔히 결과만을 보고 "그는 본래 달란트가 많은 사람이야"라고 부러워합니다. 그들이 최고의 성과를 이루기까지 얼마나 많은 수고와 노력을 기울였는지 잊지 말아야 합니다.

하나님은 우리 모두에게 저마다의 달란트를 주셨습니다. 하지만 그 달란트를 훈련과 노력을 통해 계발하는 것은 우리의 몫입니다. 그런 점에서 신앙이란 곧 배움을 의미합니다. 성경을 배우고 예수님을 배우면서, 예수님을 따라 살기 위해 나에게 주신 달란트를 어떻게 사용할지 모색해야 하기 때문입니다. 우리의 은사와 재능을 방치하지 않도록 생각해야 하기 때문입니다. 다시 말하면, 나에게 주신 달란트를 사람과 생명을 살리는 일, 결국 하나님 나라를 확장

하는 일에 사용하는 것을 배우는 과정이라고도 할 수 있습니다. 이런 배움의 복을 우리는 마음껏 누릴 수 있어야 합니다.

어릴 때부터 배움의 복을 누리는 사람은 나이가 들어서도 배움을 멈추지 않습니다. 배움을 멈추는 순간 생각이 멈추기 때문입니다. 배움이 그치는 순간 완고해지고 고정관념에 사로잡히기 때문입니다. 나이가 들어서도 배움에 열의가 있는 사람은 늘 새로운 것에 마음을 엽니다. 그래서 한자리에 오래 머물러 있는 고루한 사람이 되기보다 시간이 갈수록 사려 깊고 성숙한 사람이 되어갑니다.

지금도 늦지 않았습니다. 누구라도 지금부터 시작할 수 있습니다. 성경을 펴고 살아 계신 예수님을 만나십시오. 그분께 배우십시오. 나를 위해 베푸시는 하나님의 계획이 무엇인지 다시금 확인하기 바랍니다. 그때가 바로 배움이라는 사명을 다시 새기는 시간이고, 배움의 복을 누리는 시간입니다.

지혜의 훈련을 받으면 얻는 복

그렇다면 배움에 따른 구체적인 유익은 무엇일까요? 지혜자는 배움 자체가 왜 하나님의 복이며, 하나님의 복이 왜 배움을 통해 오는지 친절하게 가르쳐줍니다.

1. 모든 일을 감당하게 된다

내 아들아 완전한 지혜와 근신을 지키고 이것들이 네 눈 앞에서 떠나지 말게 하라 그리하면 그것이 네 영혼의 생명이 되며 네 목에 장식이 되리니 네가 네 길을 평안히 행하겠고 네 발이 거치지 아니하겠으며 네가 누울 때에 두려워하지 아니하겠고 네가 누운즉 네 잠이 달리로다 잠언 3:21-24

완전한 지혜를 가슴에 새기고 그 지혜대로 살려 애쓰며 노력하는 사람은 많은 일을 감당할 수 있습니다. 지혜와 근신이 영혼의 생명이 되기 때문입니다. 그래서 깨어 있을 때도, 잠들었을 때도 평온합니다. 가는 길에 거침이 없고, 어떤 상황에서도 두려움이 마음을 사로잡지 못합니다. 일이 잘못될까 염려하거나 불안해하지 않습니다. 완전한 지혜에서 떠나지 않는 이상, 감당 못할 일이 없습니다.

그[지혜]를 높이라 그리하면 그가 너를 높이 들리라 만일 그를 품으면 그가 너를 영화롭게 하리라 잠언 4:8

지혜자는 지혜를 품고 지혜를 높이면 그 지혜가 나를 높여주고 영화롭게 해준다고 말합니다. 지혜를 사랑하면 그 지혜가 우리의 삶을 귀히 여긴다는 것입니다. 그렇다면 지혜를 품고 지혜를 높인다는 것은 무슨 의미일까요? 배움을 사랑하고, 배움의 자세를 유지한다는 이야기입니다. 더 이상 배울 게 없다고 생각하는 것이 아니라 언제라도 새로운 지혜를 얻기 위해 마음을 열어두는 것입니다.

형통한 삶은 어디에서 옵니까? 모든 일을 기꺼이 감당하고, 두려움 없이 걸어가는 힘은 어디에 있습니까? 그것은 우리 안에 하나님의 지혜가 있을 때 얻을 수 있는 힘입니다. 즉, 말씀을 배우고 사모할 때 가능한 일입니다. 우리의 욕심과 이기적 욕망이 결코 우리를 높여주지 않습니다. 세상의 권력이 우리를 영화롭게 하지 않고, 우리가 끌어안고 있는 재물이 우리를 귀한 존재로 바꾸지 못합니다. 오히려 그것들은 마지막에 우리를 낮아지게 할 뿐입니다. 오직 지혜만이 우리를 영화롭게 할 수 있습니다.

2. 징계를 통해서도 배운다

하나님의 징계 또한 우리를 가르치는 방법 중 하나입니다. 징계는 실패로 다가오기도 하고, 모든 것이 무너졌다는 절망으로 다가오기도 합니다. 그러나 하나님의 징계를 어떻게 받아들이느냐에 따라 우리는 성숙함의 자리에 갈 수도 있고, 가지 못할 수도 있습니다.

> 내 아들아 여호와의 징계를 경히 여기지 말라 그 꾸지람을 싫어
> 하지 말라 대저 여호와께서 그 사랑하시는 자를 징계하시기를 마
> 치 아비가 그 기뻐하는 아들을 징계함같이 하시느니라 잠언 3:11-12

하나님이 주시는 징계에는 하나님의 깊은 사랑이 담겨 있습니다. 부모가 사랑하는 자녀를 꾸짖고 벌주는 것처럼, 하나님께서도 우리를 사랑하기에 징계하십니다. 때로 실패하고 넘어져도 내가 하나님께 징벌을 받았다고 생각하며 포기하거나 낙심하지 마십시오. 오히려 '왜 내게 징계를 주셨을까' 하고 그 이유를 물으며 하나님께 무릎을 꿇어야 합니다. 그것을 사랑의 징계로 여기고 다시 일어나 주님께 배우고 주님을 향해 나아가야 합니다. 선악을 분별하고 하나님 앞에서 어떤 삶을 살아야 하는지 진지하게 고민할 때가 바로 징계의 시기입니다. 그래서 징계는 삶의 방향 감각과 분별력을 잃지 않게 합니다. 다시 말하면, 징계 자체가 하나님의 가르침입니다.

> 거만한 자를 징계하는 자는 도리어 능욕을 받고 악인을 책망하는
> 자는 도리어 흠이 잡히느니라 거만한 자를 책망하지 말라 그가 너

를 미워할까 두려우니라 지혜 있는 자를 책망하라 그가 너를 사
랑하리라 잠언 9:7-8

그렇다고 징계가 모두에게 유익한 것은 아닙니다. 지혜자는 사람이 사람을 징계할 때 생길 수 있는 일들도 알아야 한다고 세심하게 가르쳐줍니다. 배울 마음이 있는 사람, 하나님을 경외하는 사람은 징계를 기꺼이 받습니다. 잘못을 깨달을 때, 더 분발해서 새로워집니다. 반면 거만하고 교만한 사람은 누군가의 징계를 받으면 그를 미워합니다. 그렇기 때문에 한 사람을 꾸짖고 가르치기란 결코 쉽지 않습니다. 미움을 살 수도 있고, 반대로 사랑을 얻을 수도 있습니다. 사실 이는 사람이 사람을 징계할 때만 해당하는 것이 아닙니다. 하나님의 징계도 마찬가집니다. 하나님의 징계를 거만한 사람처럼 여길 수도 있고, 지혜로운 사람처럼 기꺼이 받을 수도 있습니다. 하나님의 징계에 귀를 열어 하나님께 배우기를 사모한다면, 우리는 더욱 지혜로운 자가 되어 날마다 새로운 삶을 시작할 수 있을 것입니다.

3. 생각하게 된다

유대인 부모는 자녀에게 "선생님 말씀을 잘 들어라"라고 말하는

대신 "선생님께 질문하라"라고 말합니다. 선생님의 말씀을 곰곰이 마음에 새기고 그것에 자신의 의견을 더하여 표현하라는 말입니다. 배움은 질문으로 깊어지고, 질문은 생각에 기초하기 때문입니다. 그래서 질문은 배움을 더욱 효과적으로 만들고 삶의 본질을 깨우치게 합니다. 질문 없이 듣는 자가 잘 듣는 자가 아니라, 듣고 질문하는 자가 잘 듣는 자입니다. 또한 질문하는 사람은 가르침을 능동적으로 받아들입니다. 이렇듯 우리는 질문을 통해 생각을 수정할 수 있고, 다른 사람의 지혜를 모을 수도 있습니다.

> 의논이 없으면 경영이 무너지고 지략이 많으면 경영이 성립하느니라 잠언 15:22

NIV 영어성경은 이 말씀을 이렇게 번역합니다.
"Plans fail for lack of counsel, but with many advisers they succeed."

"계획은 조언하는 사람이 적으면 무너지고, 조언하는 사람이 많으면 성공한다"는 뜻입니다. 우리 속담 "사공이 많으면 배가 산으로 간다"와 혼동할 수도 있는데, 여기서 말하는 의논(counsel)이란 독단적인 주장이 아니라 서로를 배려하는 마음에서 비롯된 조언을 말합니다. 적절한 이의를 수렴하고 생산적인 질문을 받다 보면, 자신의 계획을 좀 더 숙고할 수 있습니다. 다른 이들의 질문을 통해 배우고, 배움을 통해 더 잘 생각하게끔 되는 것입니다. 이렇듯 배움은 내 생각과 계획의 허술한 부분을 다듬어주고, 그 계획을 성공적으로 수행하도록 합니다.

아직도 배울 게 있다

지혜에 눈을 뜨고 배움을 즐거워하면, 우리는 자신에게 주어진 많은 일을 감당할 수 있을 뿐만 아니라 존귀한 이름을 얻게 됩니다. 배우는 사람은 시련과 절망조차 자신을 성찰하고 돌아보는 기회로 만들고, 하나님의 징계 안에서 하나님의 사랑을 발견합니다. 또한 배움에 열려 있는 사람만이 다른 이들의 질문을 귀담아 듣기 때문에 성공에 이르는 삶의 지혜를 축적할 수 있습니다. 그래서 지혜자는 지혜가 영혼을 만족하게 하고, 마음에 기쁨을 주고, 삶을 풍요롭게 한다고 가르칩니다. 지혜를 배우는 사람은 감당 못할 일이 없고, 실패에 굴하지 않으며, 다른 이들을 통해 자신을 계발합니다. 그것이 지혜자가 누리는 복입니다.

> 지혜 있는 자에게 교훈을 더하라 그가 더욱 지혜로워질 것이요
> 의로운 사람을 가르치라 그의 학식이 더하리라 잠언 9:9

지혜자는 지혜 있는 자에게 교훈과 학식을 더하라고 말합니다. 배움을 사명으로 안고 살아가는 그리스도인에게 심오한 하나님의 지혜를 더 가르치고 싶은 것입니다. 그래서 이렇게 이스라엘의 모든 지혜를 잠언으로 응축해서 우리에게 전하고 있는 것입니다.

저는 목사로서 늘 이런 마음을 품고 삽니다.

'나는 예수 그리스도를 믿으면서 평생 배우리라!'

"하나님, 제가 평생 배우겠습니다" 하는 마음을 품으면, 말씀을 읽을 때마다 새로운 것을 깨닫게 됩니다. 어제 읽은 것과 동일한 말씀을 읽어도 우리의 영혼과 관절을 쪼개는 새로운 깨달음이 찾아옵니다. 그리스도인이란 배우는 사람입니다. 늘 배우고, 배운 대로 살아가고, 배운 바를 가르치는 사람입니다. 이 책을 읽는 사람 모두가 이렇게 평생 깨닫고 평생 배우는 마음을 가졌으면 좋겠습니다.

잠언을 읽는 것은 하나님의 지혜 학교에 입학하는 것과 마찬가지입니다. 그리고 평생을 배운다는 뜻이기도 합니다. 지혜 학교에 입학해서 늘 지혜자의 새로운 가르침에 귀를 여는 것입니다. 그러면 배움을 통해 지혜를 깨닫고, 그 깨달음은 삶으로 이어질 것입니다.

또한 깨달은 지혜를 우리 이웃들과 함께 나눌 수도 있을 것입니다. 깨달은 것을 있는 그대로 삶을 통해 보여주는 것입니다.

'평생 배우고 평생 함께 나누겠다.'

이런 마음으로 지혜 학교의 제자가 되고 예수 그리스도를 믿어 봅시다. 그러면 예수님을 믿는 것 자체가 기쁨이고 즐거움이 됩니다. '내 인생이 아직도 배울 게 있구나. 아직도 함께 나눌 게 있구나!' 이런 사실을 확인하는 것 자체가 멋진 그리스도인의 삶 아닙니까? 이 사실을 확인하면, 어느 순간 잠언의 지혜가 단순한 내용이 아니라 인격체로 다가올 것입니다. 그 하나님의 인격이 나를 가르칠 것입니다.

우리는 인생에서 그리스도를 따르겠다는 가장 위대한 선택을 한 사람들입니다. 하나님의 지혜를 배우며 하나님과 인격적으로 교제할 수 있는 사람들입니다. 이제 이 선택에 새로운 결단 하나를 더하시기 바랍니다. 그것은 앞으로 늘 하나님의 지혜 학교에 머물겠다는 결단입니다. 우리는 하나님의 지혜 안에서 날마다 새로워질 수 있습니다. 하나님께 배우며 기쁨과 즐거움을 누릴 수 있습니다. 이것은 나이나 형편과 상관없이 주어진 공평한 은혜입니다. 지금까지의 삶이 어떠했는지와 아무 상관 없는 복입니다. 하나님과 교제하고 새로워지고 즐거움을 누리는 것이 현실로 이루어지길 원합니까? 그렇다면 이제 당신이 결단할 차례입니다.

| 나에게 던지는 **질문** |

1. '공부' 하면 어떤 생각이 듭니까? 지금도 배우려는 마음을 가지고 계속 공부하고 있습니까?

   ----

2. 나의 배움을 방해하는 것은 무엇입니까? 특별히 하나님의 말씀과 지혜를 배우려는 마음을 방해하는 것은 무엇입니까?

   ----

3. '지혜의 훈련을 받으면 얻는 복'을 다시 정리해봅시다. 그리고 새롭게 결단할 것이 있다면 적어봅시다.

Lesson 11 배움

우리는 세상이 공평하지 않다고 불평합니다. 세상은 '평등'이라는 가치를 말하지만, 공평하지 않은 사회 구조 때문에 좌절하기도 합니다. 그렇다면 불평등을 이겨낼 힘은 무엇일까요? 지혜자는 배움 자체가 왜 하나님의 복이며, 하나님의 복이 왜 배움을 통해 오는지 친절하게 가르쳐줍니다.

1 배움을 통해 누리는 공평함

배움은 단지 불공평한 사회에서 당한 피해를 보상받기 위한 수단이 아닙니다. 하나님께서는 우리에게 '가르침과 배움'이라는 사명을 주셨습니다. 우리가 예수 그리스도를 믿음으로써 하나님의 자녀가 된 것도 하나님의 공평한 은혜이지만, 가르침과 배움을 통해 누릴 수 있는 유익 역시 하나님의 공평한 은총입니다.

2 지혜의 훈련을 받으면 얻는 복

완전한 하나님의 지혜를 가슴에 새기고 그 지혜대로 살려 애쓰는 사람은 많은 일을 감당할 수 있습니다. 하나님의 징계에도 귀를 열어 배우기를 사모한다면, 우리는 더욱 지혜로워질 것입니다. 배움은 질문으로 깊어지고, 질문은 생각에 기초합니다. 그래서 질문은 배움을 더 효과적으로 만들고 삶의 본질을 깨우치게 합니다.

3 지혜는 평생 배우는 것

잠언을 읽는 것은 하나님의 지혜 학교에 입학하는 것과 마찬가지입니다. 지혜자의 새로운 가르침에 귀를 열고 평생을 배운다는 뜻이기도 합니다. 배움을 통해 지혜를 깨닫고, 그 깨달음은 삶으로 이어질 것입니다. 우리는 삶에서 그리스도를 따르겠다는 위대한 선택을 한 사람들입니다. 이제 하나님의 지혜 학교에 머물겠다는 새로운 결단 하나를 더하시기 바랍니다. 하나님의 지혜 안에서 날마다 새로워질 수 있습니다.

지혜수업

1판 1쇄 발행 2012년 9월 3일
1판 4쇄 발행 2017년 4월 10일

지은이 김지철

발행인 양원석
본부장 김순미
편집장 김건희
해외저작권 황지현
제작 문태일
영업마케팅 최창규, 김용환, 이영인, 정주호, 박민범, 이선미, 이규진, 김보영

펴낸 곳 ㈜알에이치코리아
주소 서울시 금천구 가산디지털2로 53, 20층 (가산동, 한라시그마밸리)
편집문의 02-6443-8859 **구입문의** 02-6443-8838
홈페이지 http://rhk.co.kr
등록 2004년 1월 15일 제2-3726호

ISBN 978-89-255-4766-4 (03230)

※ 이 책은 ㈜알에이치코리아가 저작권자와의 계약에 따라 발행한 것이므로
  본사의 서면 허락 없이는 어떠한 형태나 수단으로도 이 책의 내용을 이용하지 못합니다.
※ 잘못된 책은 구입하신 서점에서 바꾸어 드립니다.
※ 책값은 뒤표지에 있습니다.

아드폰테스 (Ad Fontes)는 '사슴이 시냇물을 찾듯이'(시 42:1)에서 나온 '원천으로 돌아가자'는 뜻의 라틴어로
복음의 근본을 생각하는 RHK의 기독교 임프린트입니다.